HANS SARPEIs

FUSSBALL KÜCHE

DR. CLAUDIA OSTERKAMP-BAERENS
& PETER FEIERABEND

Fotografie: Joerg Lehmann
Rezepte: Flora Hohmann, Risa Nagahama

HANS SARPEIs FUSSBALL KÜCHE

DIE ULTIMATIVE ERNÄHRUNG FÜR DEINE TOPFORM

BERG & FEIERABEND

Für wen sind die Rezepte?

Für Jungs im Alter von 12–18 Jahren, die regelmäßig im Fußballtraining sind, aber natürlich auch für ältere aktive Fußballspieler. Alle Rezepte für das Essen im Alltag sind Gerichte, die auch für deine Geschwister, Eltern, Freunde, Partner usw. geeignet sind. Es können also alle mitessen.

Wer soll kochen und zubereiten?

So viel wie möglich natürlich du selbst! Viele Rezepte sind echt super easy. Trau dich in die Küche.

Die Portionsgrößen …

… sind als Orientierung zu sehen. Dein Energiebedarf schwankt stark aufgrund von Wachstumsschüben und hängt natürlich auch von der Trainingsintensität und Spielbelastung ab. Das beste Maß für die richtige Portionsgröße ist daher dein Hungergefühl.

Das Abendessen …

… liegt im Energiegehalt eher niedrig, weil von einem 4-Mahlzeiten-Rhythmus ausgegangen wird. Für dich als Spielsportler ist es günstiger, noch eine vierte Mahlzeit am Nachmittag einzulegen. Normalerweise ist dann abends auch der Hunger nicht mehr ganz so groß.

Gemüse und Obst …

… darfst du immer auch mehr nehmen, als im Rezept steht, und Reste, die man auch roh gut essen kann, kannst du beim Kochen einfach auffuttern.

Essen im Alltag: Abendessen 78

Essen kurz vor dem Training 104

Essen am Spieltag 124

Regeneration 168

Warum Ernährung für (angehende) Fußballprofis so wichtig ist ...

1. Weil sich alles, was du isst und trinkst, auf deinen Körper auswirkt. Sorge darum dafür, dass nur Dinge in dein Innerstes gelangen, die ihm gut tun.

2. Weil deine Muskeln, deine Nervenzellen und dein „Köpfchen" von dem angetrieben werden, was du ihnen zur Verfügung stellst. Belohne sie dafür, dass sie für dich im Training und Spiel immer top arbeiten, und gib ihnen im Gegenzug, was sie für diese Top-Leistung brauchen.

3. Weil eine optimale Ernährung dein Joker ist. Denn die meisten haben keinen Bock, sich ernsthaft mit diesem Thema auseinanderzusetzen und ihre Ernährung zu optimieren. Nutze das aus und verschaffe dir so einen Vorsprung.

4. Weil du allein bestimmst, was du isst und trinkst: All das kommt aus deiner Hand. Darüber entscheiden nicht dein Trainer, nicht dein Lehrer und auch nicht deine Eltern. In diesem Bereich bist ganz allein du der Chef. Nutze diese Freiheit für deinen Erfolg! Nimm deine Ernährung selbst in die Hand: Informiere dich darüber, was dich als Sportler optimal unterstützt. Sorge dafür, dass du in der Schule, im Job, beim Training und beim Spiel das richtige Essen dabei hast. Probiere vieles aus und finde so heraus, was das Beste für dich ist.

Mit diesem Buch wollen wir dir beim Einstieg in deine ganz persönliche optimale Ernährung helfen. Dafür brauchst du ein wenig theoretisches Hintergrundwissen. Und wenn du das drauf hast, setz es direkt um – mithilfe der leckeren Rezepte in diesem Buch.

Verwirkliche deinen Traum vom Fußball.

Dein

Hans Sarpei

Von Vätern und Söhnen

Während der 13 Jahre, die ich meinen Sohn auf seinem Weg vom Jugend- zum Profi-Fußballspieler begleiten durfte, sind mir drei Faktoren bewusst geworden, die für das Erreichen des Zieles ausschlaggebend sind und letztlich den Unterschied ausmachen:

1. Veranlagung (Talent)

Veranlagung hat man oder hat man nicht. Das ist in den Genen verankert und kann von außen kaum beeinflusst werden.

2. Willenskraft (mentale Stärke)

Willenskraft ist wichtig und unbedingt notwendig, um sein Ziel nicht aus den Augen zu verlieren und beharrlich daran festzuhalten, besonders in Phasen, in denen es mal nicht so läuft.

3. Nährstoffreiche Ernährung

Eine nährstoffreiche Ernährung stellt den Faktor dar, der noch am leichtesten individuell beeinflusst werden kann. Auf gute Ernährung vor, während und nach dem Spiel kann jeder selbst achten. Wie wichtig das ist, haben mir Beispiele von hoffnungsvollen Talenten aufgezeigt, die trotz ausgeprägter Veranlagung scheiterten, weil sie sich über Jahre hinweg falsch ernährt haben bzw. falsch ernährt wurden. Denn die hohen körperlichen und mentalen Belastungen durch das tägliche Training und die vielen Spiele können nur gemeistert werden, wenn der Körper ausreichend mit den richtigen Nährstoffen versorgt wird. Geschieht dies nicht, sind oft mangelnde Belastbarkeit und vor allem langwierige Verletzungen die logische Folge.

Heiko Feierabend

Niklas Feierabend als junger Profi bei Hannover 96.

Seit 7 Jahren begleite ich meinen Sohn, Jahrgang 2008, der in der kommenden Saison mit seiner Mannschaft als Bezirksligameister in die Mittelrheinliga aufsteigt und am DFB-Stützpunkt Köln zur Talentförderung der U13 gehört.

Die Bedeutung der Ernährung wurde über die Zeit immer größer und je nach Alter war etwas anderes zu beachten:

1. Zwischen 5 und 8 Jahren ging es darum, dass er überhaupt etwas gegessen hat, insbesondere zum Frühstück vor einem Spiel, denn die Kleinen spielen ja oft schon um 9 Uhr morgens. Frühstück ist für die Kleinen eine echte Herausforderung. Da muss man kreativ sein und gute, also nicht so süße Pancakes oder diverse Eierspeisen servieren mit Vollkornbrot. Es muss lecker sein, aber man darf sich nicht verlocken lassen, einfach ein viel zu zuckerhaltiges Müsli oder Cornflakes hinzustellen. Ein Apfel ist auch schon ein Anfang.

2. In der Phase zwischen 8 und 10 Jahren ist vor allem die trainingsfreie Zeit „gefährlich". Chips, Schokolade, Döner, Pizza und Eis führen in den Ferien schnell zur Gewichtszunahme, weil die Bewegung fehlt. Da müssen die Eltern vorleben, auf gute Ernährung zu achten. Sonst sind die ersten vier Wochen in der Saison nach den Ferien schon mal weniger erfolgreich und machen weniger Spaß.

3. Zwischen 10 und 12 Jahren werden viele Turniere, Trainingslager und auch Reisen unternommen. Oft werden den Kindern Süßigkeiten mitgegeben, weil die Eltern es „gut" meinen. Zu viel Industriezucker nach körperlicher Anstrengung ist pures Gift für die Zellen der jungen Sportler. Auch sieht man bei Turnieren meistens nur Pommes-Bratwurst- sowie Eis-und-Zuckerwattebuden. Zu selten kochen Eltern vor und bringen gutes Essen mit. Und die Kids mit den Pommes sind oft auch die, denen die Puste ausgeht im Turnierverlauf.

4. Ab 12 Jahren werden die jungen Fußballspieler langsam zu Athleten. Am Körperbau und dem Fettanteil lässt sich zunehmend erkennen, wer sich schlecht ernährt. Die Leistung, das damit verbundene Tempo und die Ausdauer lassen sich direkt aus der Ernährung ableiten. Zum Glück wird das Thema Ernährung auch bei den Trainern und Vereinen zunehmend wichtiger.

Den Traum vom Fußballprofi zu verwirklichen, heißt, sich auch sehr früh wie ein Profi zu ernähren. Diejenigen, die sich angemessen und gut ernähren, haben viel mehr Spaß an ihrem geliebten Sport, dem Fußball, der schönsten Nebensache der Welt.

Rolf Werner

Arthur Werner stürmt zur Bezirksligameisterschaft.

Was ist Ernährung eigentlich?

Hast du dir schon mal überlegt, warum du jeden Tag isst und trinkst?

Klar, weil es schmeckt und weil Essen Spaß macht. Aber auch, weil dein Körper Nachschub an Nährstoffen braucht, beispielsweise für sein Wachstum. Wirf mal einen Blick auf deine Babyfotos, und dann schau dich jetzt an: Alle Bausteine, die notwendig waren, um aus deinem „Babykörper" dich zu machen, wie du heute bist, kommen aus deiner Nahrung, also aus dem, was du über all die Jahre gegessen und getrunken hast.

Dazu kommen Brennstoffe, die du für Bewegung, Herzschlag und Atmung verbrauchst, und weitere Bausteine, die bei verschiedensten Umbau- und Erneuerungsprozessen in deinem Inneren „verloren" gehen. Wenn du diese vielen Stoffe nicht durch Essen und Trinken ersetzt,

- wird dein Körper geschwächt,
- kann dein Körper nicht wie vorgesehen wachsen,
- wirst du anfälliger für Erkältungen und
- bist du nicht mehr so leistungsfähig.

Gerade als Fußballspieler kann man all das gar nicht gebrauchen.

Deshalb ist es so wichtig, darauf zu achten, was du dir auf den Teller legst: Das Nährstoffpaket muss stimmen.

Hauptaufgabe der Ernährung ist es also, die lebensnotwendigen Nährstoffe, die du verbrauchst, verlierst oder ausscheidest, zu ersetzen.

Was brauchen Fußballspieler in größeren Mengen?

+++ Kohlenhydrate:

weil deine Muskeln beim Trainieren und Spielen mehr Energie verbrauchen als Muskeln in Ruhe, z.B. beim Fernsehen auf der Couch

+++ Wasser:

weil du beim Trainieren und Spielen mehr schwitzt als im Ruhezustand

besonders an Trainings- und Spieltagen

++ Eiweiß:

weil du mehr Muskeln hast und weil dein Körper nach dem Training und Spiel mehr „Reparaturarbeiten" erledigen muss als der Körper eines Menschen, der nicht regelmäßig trainiert

+ Vitamine und Mineralstoffe:

weil du über den Schweiß und Urin ein wenig mehr verlierst als jemand, der keinen Sport treibt

jeden Tag

Beim Fett hast du keinen erhöhten Bedarf.

Wie sieht das beste Essen für dich als Fußballspieler aus?

Wenn du im Training täglich Vollgas geben willst, brauchst du alle Nährstoffe – regelmäßig und in ausreichenden Mengen. Nur wenn das Gesamtpaket an Nährstoffen stimmt (s. S. 10), kann der Körper die Anstrengungen des Trainings gut verkraften, sich daran gewöhnen und sich anpassen, sodass du immer besser wirst. Um dieses Nährstoffpaket sicherzustellen, gibt es eine einfache Grundregel:

Pack vor allem Grundnahrungsmittel auf den Teller!

Was sind Grundnahrungsmittel?

Unter Grundnahrungsmitteln versteht man wenig bis gar nicht verarbeitete Lebensmittel. Beispiele: Brot, Getreideflocken, Nudeln, Reis, Couscous und anderes naturbelassenes Getreide, Kartoffeln, Süßkartoffeln, Gemüse, Obst, Milch, naturbelassene Milchprodukte, Käse, Fleisch, Fisch, Eier, Öle, Wasser.

Grundnahrungsmittel enthalten im Vergleich zu Fertigprodukten und Snacks fast immer mehr Nährstoffe und weniger unerwünschte Begleitstoffe wie Zusatzstoffe, ungünstige Fette oder Zucker. Man kann sie nach ihrem Nährstoffprofil grob wie hier sortieren:

	Kohlenhydrate	Fett	Eiweiß	Vitamine	Mineralstoffe	Wasser	Ballaststoffe, sek. Pflanzenstoffe
	+	++ nur Nüsse, Avocado		++	++	++	++
	+ nur Hülsenfrüchte		+ nur Hülsenfrüchte	++	++	++	++
	+++		+	+(+)	+(+)	+(+)	+(+)
		+(+)	+(+)	+	++	+(+)	
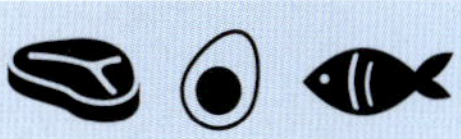		++	+++	++	++		
		+++		++			
	+ nur Saftschorlen			+ nur Saftschorlen	+	+++	

+++ = sehr hoher Gehalt / ++ = hoher Gehalt / + = nennenswerter Gehalt / +(+) = Gehalt kann schwanken zwischen + und ++ / kein Pluszeichen = sehr geringer Gehalt oder gar keiner

- Wie du hier siehst, enthält kein Nahrungsmittel alle Nährstoffe. Für eine optimale Versorgung musst du also kombinieren.

- Speziell bei den 13 Vitaminen und 15 Mineralstoffen, die dein Körper braucht, steuert jede Lebensmittelgruppe etwas bei. Deshalb ist es wichtig, dass du alle Lebensmittelgruppen einsetzt. Wenn du eine weglassen möchtest, weil du sie nicht magst oder verträgst, informiere dich, wie du ihren Beitrag zu deinem Nährstoffpaket am besten ausgleichen kannst.

In welchen Lebensmitteln welche Nährstoffe enthalten sind, spielt gerade für dich als Sportler eine große Rolle. Damit kannst du deine Nährstoffzufuhr gezielt lenken.

Wenn du etwa kurz vor einem Spiel oder einem Trainingslager stehst, hast du einen erhöhten Bedarf an Kohlenhydraten. Dann kannst du die Zufuhr gezielt erhöhen, indem du mehr von den Lebensmitteln isst, die viele Kohlenhydrate liefern. Und wenn Trainingspause ist, reduzierst du den Verzehr dieser Lebensmittelgruppe wieder etwas.

Ohne Energie keine Leistung!

Du kennst das Prinzip nur zu gut, etwa von deinem Smartphone: leerer Akku → kein Insta oder Tik-Tok. Oder vom Auto: leerer Tank → Ende der Fahrt. Oder vom Training: zu wenig gegessen → schwere Beine, Hunger, kein Spaß.

Und nur noch eins im Kopf: Wann ist es endlich vorbei? Und wo krieg ich jetzt einen Riegel her? – Ups, was hat der Coach da gerade gesagt?

Gute Trainingseinheiten gehen anders: Sie machen Spaß. Deine Beine fühlen sich leicht an, du kannst sprinten, so oft du willst, und bist blitzschnell. Du checkst, was der Trainer will, verstehst die Taktik, und deine Pässe kommen an. Solche Trainingseinheiten brauchst du, und zwar so viele wie möglich. Denn sie machen dich besser und führen dazu, dass du dich im Spiel durchsetzen kannst, auch in der höheren Altersgruppe.

Wenn du solche Trainingseinheiten willst, musst du deinen Körper „aufladen" wie dein Smartphone oder „tanken" wie ein Auto. Aber nicht mit Strom oder Kraftstoff, sondern mit Kohlenhydraten: Denn dein Kopf und deine Muskeln brauchen Kohlenhydrate, um ihren Job für dich im Training gut zu machen – damit du so richtig Gas geben kannst.

Der Körper benötigt für alle im Fußball wichtigen Leistungen Kohlenhydrate als Brennstoff. Fett spielt derweil übrigens keine Rolle für die Energiegewinnung. An Trainingstagen ist es daher wichtig, auf die Kohlenhydratzufuhr zu achten – besonders, wenn intensive Einheiten anstehen.

Wie funktioniert das Aufladen bzw. Tanken beim Körper?

- Deine Muskeln haben eigene Tanks, oder auch Speicher, für Kohlenhydrate. Die sind ziemlich groß, darum brauchst du etwa zwei bis drei Mahlzeiten, bis sie für das Training aufgetankt sind. Frühstück und Mittagessen sind deshalb an Tagen mit Nachmittagstraining besonders wichtig. Nicht ausfallen lassen! Und achte darauf, dass gute Kohlenhydratlieferanten auf deinem Teller landen (s. S. 51).

- Deine Gehirn- und Nervenzellen haben keine solchen Tanks. Sie haben deshalb ein „Kohlenhydrat-Abo" bei deiner Leber abgeschlossen: Die hat nämlich auch einen Tank. Die Leber sorgt dafür, dass immer genug Kohlenhydrate im Blut unterwegs sind, und daran können sich deine Gehirn- und Nervenzellen frei bedienen. Der Speicher der Leber ist allerdings ziemlich klein und deshalb schnell leer. Da reicht ein Vormittag Schulunterricht oder ein paar Daddelstunden am Nachmittag, in denen dein Gehirn ordentlich schuften muss – schon ist der Leber-Tank leer. Deshalb ist es wichtig, dass du den Leber-Tank kurz vor dem Training noch mal auffüllst. Dafür brauchst du keine Riesenmahlzeit. Eine Schale Müsli oder ein Wrap (ab. S. 112) reichen schon.

Für eine gute Trainingseinheit brauchst du:		Zuständig dafür sind	Brennstoff	Speicherort	Ladezeit
Taktik, Dribbling, Tackling →	**Aufmerksamkeit, Mitdenken, Wendigkeit, Geschicklichkeit**	**Nerven-, Gehinzellen**	**Kohlenhydrate**	**Leber Speicherkapazität ca. 100 g**	**Kurz: durch einen Snack 1-2 Std. vorher**
Pass-Spiel, Sprints →	**Schnelligkeit, Schnelligkeitsausdauer**	**Muskelzellen**	**Kreatinphosphat + Kohlenhydrate**	**Muskel Speicherkapazität ca. 300 g; bei besser Trainierten bis 600 g**	**Lang: durch mehrere Mahlzeiten**

Fett spielt als Brennstoff im Fußball keine Rolle. Im Training und im Spiel wird es vor allem in den (Geh-)Pausen vom Körper verwendet.

Dein Brennstoffgemisch im Training

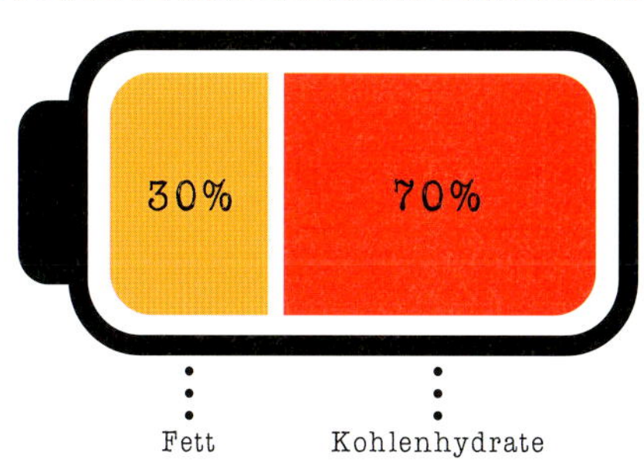

Die Wahrheit über …

Die Prozentwerte entsprechen den Anteilen an den enthaltenen Kalorien. Lese-Beispiel: Nüsse haben ein Brennstoffgemisch von 7 % Kohlenhydraten und 81 % Fett.

Eiweiß: 12 %
KH: 7 %
Fett: 81 %

Nüsse

- als Nachmittagssnack vor dem Training absolut ungeeignet, gesunde Fette hin oder her.

Avocado

- ab und an mal auf's Brot in Ordnung, vor allem als Ersatz für Camembert, Salami oder Bratwurst
- kein Eiweißlieferant

Eiweiß: 4 %
KH: 10 %
Fett: 80 %

Rührei

Eiweiß: 28 %
KH: 4 %
Fett: 64 %

- hochwertiges Eiweiß, aber auch viel Fett und so gut wie keine Kohlenhydrate
- als Frühstück am Spieltag mit Anpfiff um 9 oder 13 Uhr darum absolut ungeeignet

Chips, Burger, Pommes

- keine guten Kohlenhydratlieferanten
- grottenschlechtes Nährstoffpaket
- als Mittagessen an Trainingstagen, an Carboloading- und an Spieltagen ein No-Go

Eiweiß: 5 %
KH: 45 %
Fett: 50 %

Eiweiß: 5 %
KH: 33 %
Fett: 62 %

Eiweiß: 19 %
KH: 33 %
Fett: 45 %

Zum Vergleich:

KH: 70 %
Fett: 30 %

Wie viele Mahlzeiten soll ich essen?

Wenn du dir diese Frage stellst, bist du in Sachen Ernährung schon auf einem sehr guten Weg.

Mach weiter so!

Du trainierst drei- bis viermal pro Woche und hast am Wochenende regelmäßig einen Einsatz im Spiel? Dann sind vier bis fünf Mahlzeiten für dich perfekt. Denn dein Energiebedarf ist so hoch, dass er mit den üblichen drei Hauptmahlzeiten – Frühstück, Mittagessen, Abendessen – nicht zu decken ist.

Selbst wenn du drei Riesenportionen am Tag zu dir nehmen würdest, wäre das nicht ausreichend. Außerdem ist das mit den Riesenportionen auch gar nicht so einfach:

- Um üppig zu frühstücken, brauchst du Zeit. Im Alltag vor der Schule ist das kaum machbar.
- Ein reichliches Mittagessen braucht eine lange Verdauungszeit, und die kollidiert häufig mit den Trainingszeiten: Wenn du am frühen Nachmittag trainierst, ist der Bauch oft noch zu voll. Und wenn du abends gegen 17 oder 18 Uhr Training hast, kommt trotz der Riesenportion am Mittag oft kurz vorher schon wieder der nächste Hunger: Abendessen! Viel essen kannst du dann aber natürlich auch nicht. Die Alternative ist Training mit Hunger, und du weißt, da kannst du dann eigentlich auch gleich zu Hause bleiben.

Mit vier bis fünf Mahlzeiten, sinnvoll über den Tag verteilt, bist du also flexibler und kannst deine Energieaufnahme besser auf deine Trainingszeit und die Trainingsinhalte abstimmen.

Wann soll ich was essen?

Ausgangspunkt für die Planung der Essenszeit ist immer der Trainingsbeginn. Zu diesem Zeitpunkt brauchst du eine gute Kohlenhydratverfügbarkeit. Das kannst du sicherstellen, indem du 2–3 Stunden vor dem Training noch mal eine Mahlzeit platzierst. Wichtig ist, dass diese leicht verdaulich ist (s. S. 56, 60, 64, 74). An Schultagen hängt das Mahlzeitentiming außerdem davon ab, wann du Zeit hast.

Für deine Muskelspeicher kannst du kurz vor dem Training nicht mehr viel tun. Wenn eine intensive Einheit mit viel Laufen und Sprinten oder ein anstrengendes Zirkeltraining ansteht, müssen darum auch die zwei bis drei Mahlzeiten vorher gut Kohlenhydrate enthalten.

Wenn nachmittags hingegen Krafttraining oder etwas zur Regeneration auf dem Programm steht, kannst du auch mal weniger Kohlenhydrate aufnehmen. Das sind die Tage, an denen du vor allem beim Frühstück freier wählen kannst und Flocken und Co. sausen lassen kannst. Versuche aber trotzdem, keinen „Schrott“ zu essen: Frühstück ist für dich als Sportler eine wichtige Mahlzeit. Sie muss immer eine gute Eiweißmenge und frisches Obst oder Gemüse enthalten (ab S. 28) und lasse sie nicht ausfallen.

Und auch nach dem Training solltest du nicht zu lange warten, bis du etwas isst: Nach der Belastung ist das volle Nährstoffpaket fällig!

Gute Rezepte dafür findest du ab S. 84.

Was wann essen?

Intensives Training nachmittags

FRÜHSTÜCK	PAUSE	MITTAGESSEN		TRAINING		ABENDESSEN
7.00		13.00	2,5 h	15.30-17.30	1-2 h	20.00
z.B. Rezepte auf Seite 32, 40	z.B. Rezepte auf Seite 70, 122	z.B. Rezepte auf Seite 60, 64				alle Rezepte ab Seite 84

Frühstück und Pause: Muskelspeicher laden

Mittagessen: Leberspeicher laden

Intensives Training abends

FRÜHSTÜCK	PAUSE	MITTAGESSEN	Snack		TRAINING	ABENDESSEN
7.00		13.00		1-2 h	17.30-19.30	20.00
z.B. Rezepte auf Seite 34, 44	freie Wahl	z.B. Rezepte auf Seite 56, 74	z.B. Seite 114, 116			alle Rezepte ab Seite 84

Frühstück, Pause und Mittagessen: Muskelspeicher laden

Snack: Leberspeicher laden

Kraft- oder Regenerationstraining nachmittags

FRÜHSTÜCK	PAUSE	MITTAGESSEN		KRAFT-TRAINING		ABENDESSEN
7.00		13.00	2,5 h	15.30-17.30	1-2 h	20.00
freie Wahl, aber mit Eiweiß, Obst oder Gemüse	freie Wahl	z.B. Rezepte auf Seite 58, 74				alle Rezepte ab Seite 84
		Leberspeicher laden				

Kraft- oder Regenerationstraining abends

FRÜHSTÜCK	PAUSE	MITTAGESSEN	Snack		KRAFT-TRAINING	ABENDESSEN
7.00		13.00		1-2 h	17.30-19.30	20.00
freie Wahl, aber mit Eiweiß, Obst oder Gemüse	freie Wahl	z.B. Rezepte auf Seite 56, 68	z.B. Seite 112, 120			alle Rezepte ab Seite 84
			Leberspeicher laden			

Ernährungs-„Education" gehört heute zum Job

Per Mertesacker

> „Dass mein Bewusstsein für Ernährung recht groß ist, begann mit meinen Eltern: Man übernimmt ja die Essgewohnheiten von Zuhause."

Wie ich meine Ernährung und auch die meiner Familie verbessern kann, damit wir uns besser fühlen und mehr Energie haben, darüber mache ich mir oft Gedanken. Einer meiner Tricks ist zum Beispiel 16:8-Intervallfasten, und ich esse wenig bis gar kein Fleisch, weil ich mich so einfach besser fühle.

Ernährung spielt also eine wichtige Rolle in meinem Leben – und das war auch für meine Karriere so. Irgendwann wollte ich meinen eigenen Physiotherapeuten dabeihaben und meine Ernährung so umstellen, dass ich top vorbereitet bin auf das Training, auf die Spiele und für die Regeneration. Dafür hatte ich Leute an meiner Seite, die für mich gekocht haben und mich auf viele andere Dinge in Bezug auf Ernährung aufmerksam gemacht haben. Ich habe viele Angebote genutzt, um mich gut vorzubereiten auf die Anstrengungen, die das Fußballspielen mit sich bringt. Deswegen braucht man die professionelle Betreuung, in Bezug auf Physio und Ernährung, aber auch darüber hinaus: Wie kann man sich bestmöglich auf das nächste Training und das nächste Spiel vorbereiten?

Dass mein Bewusstsein für Ernährung recht groß ist, begann mit meinen Eltern: Man übernimmt ja die Essgewohnheiten von Zuhause. Wir waren eine sportliche Familie, haben sehr viel Wasser getrunken, Mama hat immer für uns gekocht und darauf geachtet, dass die Ernährung vollwertig war. Später habe ich mich dann vor allem selbst darum gekümmert, mithilfe von professionellen Unterstützern und indem ich viel gelesen habe. Als ich damals zum Verein gekommen bin, wurden die jungen Spieler noch nicht so viel informiert über Ernährung. Das ist mittlerweile gang und gäbe, Ernährungs-„Education" gehört heute zum Job.

Wichtig ist, den Tagesablauf so zu gestalten, dass ein sinnvoller Ernährungsplan umsetzbar ist. In meiner Profikarriere habe ich mich früh am Tag schon vorbereitet, sportlich betätigt und z.B. sehr viele Drills

Per Mertesacker (*29. September 1984 in Hannover) spielte als Profi von 2003–2006 bei Hannover 96, von 2006–2011 bei Werder Bremen, stand zuletzt beim FC Arsenal unter Vertrag und leitet dessen Fußballakademie Arsenal Academy. Von 2004–2014 bestritt er 104 Spiele für die Nationalmannschaft und wurde 2014 in Brasilien Weltmeister.

Der große Traum eines Fußballers geht in Erfüllung: Per Mertesacker mit dem WM-Pokal in Brasilien 2014.

gemacht. In dieser Zeit war meine Ernährung entsprechend komplett auf diesen Tagesablauf abgestimmt: Frühstück gab es zweieinhalb Stunden vor dem Training; direkt danach war eine halbe Stunde Pause vorgesehen, bis wieder gegessen wurde; und abends versuchte ich dann immer, relativ früh zu essen, ca. bis 18 Uhr, damit der Magen genug Regenerationszeit bekam. Das war wichtig, um die nötige Energie zu erlangen.

Um die Mahlzeiten selbst habe ich mich aber so gut wie nie selbst gekümmert. Als Profi hatte ich Leute, die mir teilweise sogar das Frühstück gemacht haben. Mittagessen gab es meist im Verein, und für das Abendessen hatte ich mich zunächst auf meine Eltern, später dann auf meine Partnerin verlassen, aber auch auf die Physiotherapeuten und Betreuer. Wenn ich keine andere Wahl hatte, habe ich meist auf Vollkornprodukte, Joghurt, Sojaprodukte usw. zurückgegriffen, also auf Vollwertkost. Fast Food habe ich vermieden, aber natürlich kann man sich ausnahmsweise mal so etwas gönnen: Auch ich erliege bis heute manchmal dieser Versuchung. Und ich liebe weiße Schokolade!

Das A und O ist einfach, dass man sich bemüht, in der Balance zu bleiben. Ich selbst habe mich sicher 340 Tage im Jahr top ernährt, und daneben gab es immer auch die zwei Wochen, in denen man auch mal etwas anderes gegessen hat. Das ist genauso wichtig, um nicht zu vergessen, wie das so ist – meistens empfand ich es als relativ eklig und der Magen wurde ganz schwer. Natürlich erzeugt das einen gewissen Druck, aber keinen negativen, wie ich finde. Ich habe während meiner aktiven Zeit selbst bei Restaurantbesu-

„Oft muss es eben schnell gehen. Auch hier muss man gut vorweg planen, z.B. Essen mitnehmen von Zuhause, um für den schnellen Hunger etwas parat zu haben.“

chen stets versucht, mich gut zu ernähren, denn wenn man gerne 10 bis 15 Jahre als Profi spielen möchte, ist das einfach notwendig. Es ist ein Teil des Profigeschäfts, sich bestmöglich auf das nächste Training und das nächste Spiel vorzubereiten.

Dazu gehört auch, seinen Körper zu kennen. Bei mir war es immer so, dass ich spätestens vier Stunden vor dem Spiel gegessen haben musste, und ich habe mich sehr bemüht, dass das immer geklappt hat. Das war sowohl mental für mich wichtig als auch für meinen Körper. Dennoch bedurfte es Disziplin und Vorbereitung. Wenn das Mannschaftsessen erst drei Stunden vor dem Spiel angesetzt war, musste ich z.B. ganz klar sagen, dass das für mich nicht funktioniert. Und entweder hat man sich dann mit der Mannschaft beispielsweise als Kompromiss auf dreieinhalb Stunden vorher geeinigt, oder ich habe einfach schon früher gegessen und mich beim eigentlichen Essen mit der Mannschaft nur noch dazu gesetzt. Und auch wenn ich mich immer so optimal wie möglich vorzubereiten versuchte, konnte es trotzdem vorkommen, dass mein Körper die Nahrung schlechter verdaut hat als erwartet und ich mich nicht ganz so gut gefühlt habe. Auch damit muss man umgehen lernen.

Ein anderer Aspekt bei guter Ernährung ist der Zeitmangel im Alltag. Oft muss es eben schnell gehen. Auch hier muss man gut vorweg planen, z.B. Essen mitnehmen von Zuhause, um für den schnellen Hunger etwas parat zu haben. Glücklicherweise achten auch die Vereine immer mehr darauf, ihren Spielern vollwertige Menüs anzubieten und auch vegane und vegetarische Alternativen zur Verfügung zu stellen. Man bemüht sich, nicht nur auf die Ernährungsvielfalt aufmerksam zu machen, sondern auch individuelle Gewohnheiten zu berücksichtigen. Die Mitarbeiter werden immer besser geschult, verfügen über viel mehr Wissen als früher über den Zusammenhang von Ernährung und Gesundheit, nach dem Motto „Du bist, was du isst“.

Per Mertesacker hat den stolzen Nachwuchs beim Auflaufen fest an der Hand.

Natürlich ist es immer auch eine finanzielle Frage, was angeboten werden kann. Das Budget von Mensen beispielsweise ist sicher nicht so groß, sowohl in der Schule als auch in den Vereinen. Aber die Vereine tun sehr gut daran, auf eine vollwertige Versorgung ihrer Spieler nach deren individuellen Bedürfnissen zu achten und frühzeitig und umfassend aufzuklären. Beim FC Arsenal beispielsweise haben wir sowohl in der Akademie als auch in der ersten Mannschaft sogenannte „Nutritionists", Ernährungsexperten, die Workshops und „Cooking Classes"geben für die Jugendspieler, aber auch die Eltern in Workshops anleiten. Es gibt Köche, die mit den Profis arbeiten und mit denen die Ernährungsexperten in Kontakt sind. Es wird sehr viel gemacht, um dafür zu sensibilisieren, welche Rolle Ernährung für ein lebenswertes Leben spielt.

Dabei muss aber letztlich jeder seinen eigenen Weg finden. Natürlich gibt es viele unterschiedliche Philosophien darüber, aber vor allem muss man herausfinden, wie man sich wobei fühlt. Man muss Dinge ausprobieren und sich selbst immer wieder herausfordern: Ist das gut für mich, passt jenes für mich? Wenn ich dieses weiße Brot esse, bringt mir das etwas? Komme ich mit Vollkornbrot zurecht, verdaue ich das gut vor dem Training? Esse ich Müsli, passt Sojajoghurt zu mir oder eher nicht? Dabei sind die Spieler selbst, aber auch die Leute in ihrem Umfeld gefragt. Man muss sich bewusst mit Ernährung auseinandersetzen und immer beobachten, wie es einem damit geht.

Ich habe z.B. angefangen, Fleisch wegzulassen, gleich für zwei, drei Wochen, um zu sehen: Wie reagiert mein Körper? Fühle ich mich besser? Habe ich mehr Energie? Habe ich weniger Schmerzen? Dieses Experiment hat dazu geführt, dass ich heute wenig bis gar kein Fleisch mehr zu mir nehme. Zum Ende meiner Karriere hin hatte ich Knieschmerzen, und durch das Reduzieren meines Fleischkonsums habe ich diese in den Griff bekommen. Wie viel davon Placebo ist, wird viel diskutiert, und generell gibt es ja seit etwa zehn Jahren einen regelrechten Hype um Ernährung. Ich habe mich jedenfalls ohne Fleisch besser gefühlt, hatte weniger Schmerzen, mehr Energie, und damit ist es das Richtige für mich. Für jemand anderen mag etwas anderes richtig sein.

Ich habe auch schon drei Tage Fasten ausprobiert und teste generell immer wieder neue Dinge. Für mich kann ich sagen, ich habe Lust am Essen – und auch mal am Verzichten.

Essen im Alltag

Früh

stück

EINSATZZEIT 10 Min.

AMARENA-SCHOKO-MÜSLI

ZUTATEN FÜR

1 Portion:

200 ml Milch (1,5 % oder 3,5 % Fett) oder Soja-Drink

1 TL Kakaopulver, ungesüßt

1 Messerspitze Vanille, gemahlen

1 Handvoll frische Blaubeeren (ca. 75 g)

3–4 EL Kirschen aus dem Glas, entsteint (ca. 75 g)

5–6 EL Haferflocken, kernig (ca. 50 g)

2–3 EL Quinoa, gepufft (ca. 10 g)

2–3 EL Schokopops, fettfrei (ca. 10 g)

1–2 EL Schokoraspeln (10–20 g)

AUSRÜSTUNG

1 Tasse, groß
1 Teelöffel
1 Sieb, mittelgroß
1 Schüssel, klein
1 Esslöffel
1 Müslischale

1. Die Milch oder den Soja-Drink mit dem Kakaopulver und der Vanille in einer großen Tasse gut verrühren. Wenn du dein Müsli gerne lauwarm magst, kannst du die Mischung auch leicht erhitzen.

2. Die Blaubeeren waschen. Die Kirschen in dein Sieb geben und abtropfen lassen, dabei den Saft in der kleinen Schüssel auffangen.

3. Vermenge dann die Haferflocken, die gepuffte Quinoa und die Schokopops mit den Schokoraspeln in der Müslischale. Mit der Milchmischung übergießen, die Blaubeeren und die Kirschen darüber verteilen. Für den Extra-Kirschgeschmack kannst du abschließend noch ein wenig aufgefangenen Kirschsaft darüber träufeln.

Nutri-Facts:

(Portion = 450 g)

Energie (kcal):	630
KH (g):	85
Eiweiß (g):	20
Fett (g):	20
BS (g):	15

- Kohlenhydratreiches Frühstück mit guter Eiweißmenge!
- Reich an Ballaststoffen!
- Geht so schnell und easy, dass du dir das morgens locker selber zubereiten kannst!
- Super für Tage mit Nachmittagstraining, vor allem wenn eine intensivere Einheit ansteht!

Nutri-Facts Müsli:

(Portion = 465 g)

Energie (kcal):	725
KH (g):	105
Eiweiß (g):	25
Fett (g):	20
BS (g):	15

Granola:

pro 100 g

Energie (kcal):	380
KH (g):	55 → davon Zucker: 10
Eiweiß (g):	10
Fett (g):	10
BS (g):	5

Vergleiche die Nährwerte deines selbstgemachten Granolas doch mal mit einem Supermarktmüsli (s. S. 36) – Du wirst überrascht sein!

ANANAS-CRUNCH-MÜSLI

ZUTATEN FÜR
10 Portionen GRANOLA:

1 Pck. Haferflocken, kernig (500 g)

1 Pck. Hirseflocken (500 g)

5 EL Gold-Leinsamen (ca. 50 g)

10 EL Mandelblättchen (ca. 60 g)

100 g Ananasstückchen, getrocknet

Getrocknete Ananasstückchen findest du im Reformhaus oder im Bio-Supermarkt.

5 EL Honig (ca. 100 g)

5–6 EL Mandelmus (ca. 70 g)

ZUTATEN FÜR
1 Portion MÜSLI:

1 Handvoll frische Himbeeren (ca. 75 g)

1 Scheibe frische Ananas, 2–3 cm dick, am besten „extra sweet" (ca. 80 g)

½ Banane (ca. 50 g)

150–200 ml Milch (1,5 % oder 3,5 % Fett) oder Soja-Drink

AUSRÜSTUNG
1 Schüssel, groß
1 Esslöffel
1 Backblech + Backpapier
1 Küchenmesser + Schneidebrett
1 Müslischale

DAS GRANOLA ZUBEREITEN

1. Heize den Backofen auf 170 °C (Umluft) vor.

2. In deiner großen Schüssel die Hafer- und Hirseflocken mit den Gold-Leinsamen, den Mandelblättchen und den Ananasstückchen vermengen. Den Honig und das Mandelmus unterrühren, bis alles gleichmäßig vermischt ist.

3. Die Masse auf dem mit Backpapier ausgelegten Backblech gleichmäßig verteilen und im Ofen auf der mittleren Schiene 30 Min. backen. Rühre sie alle 5 Min. gründlich durch, damit nichts anbrennt!

4. Wenn das Granola goldbraun ist, nimm es auf dem Blech aus dem Ofen und lasse es gut abkühlen. ***Luftdicht gelagert ist das Granola 1 Monat lang haltbar.***

DAS CRUNCH-MÜSLI ZUBEREITEN

1. Die Himbeeren vorsichtig waschen. Falls noch vorhanden, den Strunk von der Ananasscheibe entfernen, die Ananas schälen und das Innere in ca. 2 cm große Würfel schneiden. Die halbe Banane schälen und in dünne Scheiben scheiden.

2. Gib 10–14 EL Granola (ca. 140 g) in deine Müslischale und verteile das Obst darüber. Mit der Milch oder dem Soja-Drink übergießen.

- Kohlenhydratreiches Frühstück mit guter Eiweißmenge!
- Reich an Ballaststoffen!
- Super für Tage mit Nachmittagstraining, vor allem wenn eine intensivere Einheit ansteht!

EINSATZZEIT 50 Min.

KOKOS-CRUNCH-MÜSLI

ZUTATEN FÜR
10 Portionen Granola:

2 Pck. Haferflocken, kernig (1 kg)

1 Prise Meersalz

1 EL Kakaopulver, ungesüßt

3 EL Kokosraspeln (ca. 40 g)

½ Flasche Ahornsirup (ca. 150 ml)

2 EL Kokosmus (ca. 20 g)

ZUTATEN FÜR
1 Portion MÜSLI:

1 Kiwi, mittelgroß (ca. 50 g)

50 g frische Mango

½ Banane (ca. 50 g)

150–200 ml Milch (1,5 % oder 3,5 % Fett) oder Soja-Drink

Wenn du keine Lust auf Mango oder Kiwi hast, nimm einfach andere Obstsorten deiner Wahl. Die Menge muss aber gleich bleiben!

AUSRÜSTUNG

1 Schüssel, groß
1 Esslöffel
1 Backblech + Backpapier
1 Küchenmesser
1 Müslischale

DAS GRANOLA ZUBEREITEN

1. Heize den Backofen auf 170 °C (Umluft) vor.
2. Vermenge die Haferflocken mit dem Meersalz, dem Kakaopulver und den Kokosraspeln in der großen Schüssel. Den Ahornsirup und das Kokosmus unterrühren, bis alles gleichmäßig vermischt ist.
3. Die Masse auf dem mit Backpapier ausgelegten Backblech gleichmäßig verteilen und im Ofen auf der mittleren Schiene 30 Min. backen. Rühre sie alle 5 Min. gründlich durch, damit nichts anbrennt!
4. Wenn das Granola goldbraun ist, nimm es auf dem Blech aus dem Ofen und lasse es gut abkühlen. ***Luftdicht gelagert ist das Granola 1 Monat lang haltbar.***

DAS CRUNCH-MÜSLI ZUBEREITEN

1. Die Kiwi schälen, halbieren und in dünne Scheiben schneiden. Die Mango schälen, den Stein entferne und das Innere in ca. 2 cm große Würfel schneiden. Die halbe Banane schälen und in dünne Scheiben scheiden.
2. Gib 10–12 EL Granola (ca. 120 g) in deine Müslischale und verteile das Obst darüber. Mit der Milch oder dem Soja-Drink übergießen.
3. Gib 10–14 EL Granola (ca. 140 g) in deine Müslischale und verteile das Obst darüber. Mit der Milch oder dem Soja-Drink übergießen.

Granola:

pro 100 g

Energie (kcal): **375**

KH (g): **60** → davon Zucker: 10

Eiweiß (g): **10**

Fett (g): **10**

BS (g): **5**

- Kohlenhydratreiches Frühstück mit guter Eiweißmenge!
- Reich an Ballaststoffen!
- Super für Tage mit Nachmittagstraining, vor allem wenn eine intensivere Einheit ansteht!

Nutri-Facts:

(Portion = 420 g)

Energie (kcal): **655**

KH (g): **95**

Eiweiß (g): **20**

Fett (g): **10**

BS (g): **15**

JOGHURT-BEEREN-MÜSLI

1. Gib den Joghurt mit den Haferflocken, der Quinoa und der Vanille in deine Müslischale und vermenge alles gut. Zur Seite stellen und ziehen lassen.

2. Die Himbeeren und die Blaubeeren in das Sieb geben und vorsichtig waschen.

3. Die Beeren auf der Joghurtmischung verteilen und die weißen Schokoraspeln darüber geben.

ZUTATEN FÜR

1 Portion:

200 g Joghurt (1,5 % oder 3,5 % Fett) oder Soja-Joghurt

7 EL Haferflocken, kernig (ca. 70 g)

2–3 EL Quinoa, gepufft (ca. 10 g)

1 Messerspitze Vanille, gemahlen

1 Handvoll frische Himbeeren (ca. 75 g)

1 Handvoll frische Blaubeeren (ca. 75 g)

1–2 EL weiße Schokoraspeln (10–20 g)

AUSRÜSTUNG

1 Müslischale
1 Esslöffel
1 Sieb, mittelgroß

- Kohlenhydratreiches Frühstück mit guter Eiweißmenge!
- Reich an Ballaststoffen!
- Geht so schnell und easy, dass du dir das morgens locker selber zubereiten kannst!
- Super für Tage mit Nachmittagstraining, vor allem wenn eine intensivere Einheit ansteht!

Nutri-Facts:

(Portion = 450 g)

Energie (kcal): **600**
KH (g): **75**
Eiweiß (g): **20**
Fett (g): **20**
BS (g): **15**

Müsli selber mischen oder kaufen?

Wusstest du, dass du anstelle der meisten Flakes und Co. auch eine Handvoll Gummibärchen frühstücken könntest?

Das käme jedenfalls auf dieselbe Zuckermenge heraus. Bei Knuspermüslis kommt oft auch noch eine Extraportion Fett dazu. Viele Fertigmischungen sind daher echt „Schrott".

Wähle deine Müslimischung darum mit Bedacht und achte auf den Fett- und Zuckergehalt.

Wie finde ich eine gute Müslimischung?

1. Schau dir die Müslimischung genau an. Du solltest vor allem einzelne Zutaten wie Getreideflocken und Trockenfrüchte pur sehen, nicht nur Flakes.

2. Studiere die Nährwerttabelle auf dem Etikett. Hier sollten folgende Werte nicht überschritten werden:

Zucker < 20 g/100 g Müsli ✓

Fett < 10 g/100 g Müsli ✓

Und egal, ob du dir das Müsli selbstgemacht hast oder eine gekaufte Mischung nimmst: Schmecke es zuerst mit dem frischen Obst ab und probiere es. Wenn es dir dann noch nicht süß genug ist, füge gerne etwas Zucker, Honig oder Sirup hinzu – Prise für Prise.

Mehr zur Rolle des Zuckers in deiner Ernährung findest du übrigens auf S. 152.

Haferflocken

1 Portion (70 g)

Fett

0 Stücke

Würfelzucker

Flakes & Co.

1 Hand voll (70 g)

Fett

8 Stücke

Würfelzucker

Gummibärchen

1 Hand voll (45 g)

7 Stücke

Würfelzucker

Knuspermüsli

1 Portion (70 g)

Fett

5 Stücke

Würfelzucker

Die Sache mit den Pflanzen-Drinks

Vielleicht ist dir aufgefallen, dass bei unseren Frühstücksrezepten immer „Milch oder Soja-Drink" steht. Wie du weißt, gibt es ja auch noch andere Pflanzen-Drinks, z.B. aus Hafer oder Reis.

Wir empfehlen trotzdem immer Soja, und zwar, weil Soja auch Eiweiß (Proteine) enthält, und der Eiweißanteil deiner Nahrung ist gerade beim Frühstück wichtig. Denn über die vielen Stunden, in denen du schläfst, bekommt der Muskel kein Eiweiß – und ohne Eiweiß kann dein Körper nichts reparieren oder neu aufbauen. Erst mit der ersten Eiweißportion des Tages kommen diese Reparatur- und Bauprozesse wieder in Schwung.

Wenn du das erste Eiweiß erst in der ersten Schulpause oder mittags zu dir nimmst, verplemperst du also wertvolle „Bauzeit".

Wenn du Profi werden willst, ist Frühstücken Pflicht, und zwar richtig:

- mit Flocken oder Brot, damit die Kohlenhydrattanks im Muskel bis zum Nachmittagstraining gefüllt sind;
- mit Milch oder Soja-Drink, (Soja-)Joghurt oder Ei, damit der Baustoffwechsel speziell in den Muskeln in Wallung kommt;
- mit Obst oder Gemüse, damit die deinen Muskeln andere wichtige Nährstoffe liefern.

Proteingehalt in Milch und Milchalternativen (g/250 ml)

Kuhmilch

8-9 g

Soja-Drink

6 g

Hafer-Drink

1 g

Mandel-Drink

1 g

Kokosnuss-Drink

0 g

Achtung: Nicht zu verwechseln mit Kokosmilch – Letztere ist super fettreich!

Reis-Drink

0 g

EINSATZZEIT 25 Min.

ZUTATEN FÜR

1 Portion:

200 ml Milch (1,5 % oder 3,5 % Fett) oder Soja-Drink

60 ml Wasser

1 EL Erdnussbutter (ca. 15 g)

4–5 EL Haferflocken, kernig (ca. 45 g)

4–5 EL Quinoaflocken (ca. 45 g)

2 Handvoll Erdbeeren (ca. 150 g)

1–2 EL Erdbeermark (ca. 30 g)

Erdbeermark findest du im gut sortierten Bio-Supermarkt, alternativ geht auch Erdbeer-Fruchtaufstrich mit 70 % Frucht.

AUSRÜSTUNG

1 Topf, klein, mit Deckel
1 Schneebesen
1 Küchenmesser + Schneidebrett
1 Müslischale
1 Teelöffel

Nutri-Facts:

(Portion = 530 g)

Energie (kcal): **645**
KH (g): **85**
Eiweiß (g): **25**
Fett (g): **20**
BS (g): **15**

PEANUTBUTTER-AND-JELLY-PORRIDGE

1. Gib die Milch oder den Soja-Drink mit dem Wasser und der Erdnussbutter in deinen kleinen Topf. Rühre stetig mit dem Schneebesen, damit nichts anbrennt, und erhitze alles kurz so stark, dass die Erdnussbutter schön flüssig wird.

2. Die Hafer- und Quinoaflocken unterrühren und die Mischung bei niedriger Temperatur ca. 7 Min. sanft köcheln lassen. Rühre gelegentlich um und gib noch ein paar EL Wasser hinzu, wenn dir der Porridge zu fest erscheint. Anschließend den Topf vom Herd nehmen, den Deckel auflegen und die Masse 10 Min. ziehen lassen.

3. In der Zwischenzeit die Erdbeeren sorgfältig waschen, die Strünke entfernen und die Früchte vierteln.

4. Fülle den durchgezogenen Porridge in die Müslischale, gib das Erdbeermark darüber und verteile die Erdbeerviertel darauf.

- Kohlenhydratreiches Frühstück mit guter Eiweißmenge!
- Reich an Ballaststoffen!
- Tut mit seiner Wärme besonders im Winter gut – probier's aus!
- Super für Tage mit Nachmittagstraining, vor allem wenn eine intensivere Einheit ansteht!
- Durch das Kochen generell verträglicher als kaltes Müsli und daher auch eine gute Idee als Frühstück vor einer Morgeneinheit!

Ist gerade keine Erdbeersaison, kannst du auch andere Beeren verwenden, z.B. Himbeeren, Blaubeeren, Brombeeren oder Heidelbeeren.

Falls Birnenspalten übrig bleiben, nutze die leckeren Vitaminlieferanten und futtere sie direkt auf!

BIRNEN-QUARK-BROT

1. Verrühre den Quark in der kleinen Schüssel gut mit dem Honig und dem Thymian.

2. Die Birne waschen, vierteln, das Kerngehäuse entfernen und die Birne in dünne Spalten schneiden.

3. Beide Brotscheiben mit der Quarkmischung bestreichen und die Birnenspalten darauf verteilen. Die gehackten Walnüsse über das Brot streuen.

ZUTATEN FÜR

1 Portion:

3–4 EL Quark (20 % Fett; ca. 100 g)

1 EL Honig (ca. 20 g)

½ TL Thymian, getrocknet

1 Birne, mittelgroß, reif (150 g)

2 Scheiben Mischbrot, mittelgroß (ca. 100 g)

1 EL Walnüsse, gehackt (10 g)

AUSRÜSTUNG

1 Schüssel, klein
1 Kuchengabel
1 Küchenmesser + Schneidebrett
1 Buttermesser

- Kohlenhydratreiches Frühstück mit guter Eiweißmenge!
- Geht so schnell und easy, dass du dir das morgens locker selber zubereiten kannst!
- Super für Tage mit Nachmittagstraining, vor allem wenn eine intensivere Einheit ansteht!

Nutri-Facts:

(Portion = 380 g)

Energie (kcal): **565**
KH (g): **85**
Eiweiß (g): **20**
Fett (g): **15**
BS (g): **10**

EINSATZZEIT 20 Min.

RÜHREI IM PITA-BROT

ZUTATEN FÜR

1 Portion:

2 Eier, Gr. M

1 EL Gartenkräuter, getrocknet

7 cm Salatgurke (ca. 70 g)

6 Kirschtomaten (ca. 70 g)

2 Blatt Eisbergsalat

1 TL Rapsöl

2 Pita-Brote, klein (ca. 65 g)

5 Scheiben Putenschinken (100 g)

1 EL Balsamico-Essig, dunkel

AUSRÜSTUNG

1 Rührbecher, hoch
1 Handrührer mit Quirl-Aufsatz
1 Küchenmesser + Schneidebrett
1 Salatschleuder
1 beschichtete Pfanne, klein
1 Backpinsel
1 Kochlöffel
1 Teller, flach

1. Die Eier im Rührbecher aufschlagen und verquirlen, die Gartenkräuter mit unterrühren.
2. Die Gurke waschen und in dünne Scheiben schneiden. Die Kirschtomaten waschen, die Strünke entfernen und die Tomaten halbieren. Die Salatblätter waschen, trockenschleudern und in feine Streifen schneiden.
3. Pinsele die beschichtete Pfanne mit dem Rapsöl ein, erhitze es stark und brate die verquirlten Eier etwa 3 Min. von allen Seiten unter Rühren darin an.
4. Die Pita-Brote kurz toasten oder im Backofen bei 180 °C (Umluft) 5 Min. backen, sodass sie außen schön knusprig sind.
5. Öffne die Pita-Brote an der vorgesehenen Stelle. Fülle jedes mit der Hälfte aller Zutaten – Schinken, Gurke, Tomaten, Salat und Rührei – und beträufele es mit Balsamico-Essig.
6. Falls Gemüse übrig bleibt, als Rohkost-Beilage mit den Pita-Broten auf den Teller geben.

Nutri-Facts:

(Portion = 505 g)

Energie (kcal): **690**
KH (g): **70**
Eiweiß (g): **50**
Fett (g): **20**
BS (g): **5**

- Moderat in den Kohlenhydraten mit sehr guter Eiweißmenge!
- Macht lange satt!
- Super Frühstück für Tage ohne Training oder Spiel!

PIZZA-TOAST

1. Heize den Backofen auf 180 °C (Umluft) vor.

2. Den körnigen Frischkäse mit dem Tomatenmark und dem Pizzagewürz verrühren.

3. Die Kirschtomaten waschen, die Strünke entfernen und fünf Tomaten halbieren. Den Mais in das kleine Sieb geben und abtropfen lassen. Die Paprika waschen, entkernen, halbieren und in dünne Streifen schneiden. Die übrigen drei Tomaten mit den Paprikastreifen beiseite legen.

4. Verteile die Frischkäsemischung gleichmäßig auf den beiden Toastscheiben, gib die halbierten Kirschtomaten und den Mais darüber und bestreue alles mit dem Gouda.

5. Die Toastscheiben auf das mit Backpapier ausgelegte Backblech legen und im Ofen auf der mittleren Schiene 15 Min. backen, bis der Käse zerlaufen ist. Dann herausnehmen.

6. Gib die fertigen Toasts mit den übrigen Kirschtomaten und den Paprikastreifen als Rohkost-Beilage auf den Teller.

ZUTATEN FÜR

1 Portion:

2 EL körniger Frischkäse (Halbfettstufe, mind. 20 % i.d.Tr.; ca. 50 g)

2 EL Tomatenmark (ca. 20 g)

1 TL Pizzagewürz

8 Kirschtomaten (ca. 150 g)

2 EL Mais aus dem Glas oder der Dose (ca. 50 g)

1 Paprika, klein

2 dickere Scheiben Kasten-Vollkornbrot, am besten vom Bio-Bäcker (zus. ca 100 g)

3 EL Gouda, gerieben

Dosier-Alarm: Bitte wirklich mit dem Esslöffel abmessen, nicht einfach aus der Tüte auf den Toast schütten!

AUSRÜSTUNG
1 Esslöffel
1 Kuchengabel
1 Küchenmesser
1 Sieb, klein
1 Backblech + Backpapier
1 Teller, flach

- Moderat in den Kohlenhydraten mit guter Eiweißmenge!
- Gutes Frühstück für Tage mit Nachmittagstraining!

Nutri-Facts:
(Portion = 450 g)

Energie (kcal):	520
KH (g):	65
Eiweiß (g):	25
Fett (g):	15
BS (g):	10

Mitta

Essen im Alltag

gessen

Mittagessen ...

... ist eine sehr wichtige Mahlzeit für dich. Es erfüllt drei wichtige Funktionen:

1. Als eine der drei Hauptmahlzeiten bietet es den Raum dafür, mehrere Lebensmittelgruppen unterzubringen, und kann so eine Menge zu deinem Tages-Nährstoffpaket beisteuern (s. S. 12).

2. Als Essen mitten im Tag kann es wertvolle Eiweißanteile für die Reparaturprozesse in deinen Muskeln zur Verfügung stellen: Für diese Prozesse ist es wichtig, über den Tag verteilt regelmäßig kleinere Mengen Eiweiß aufzunehmen (s. S. 172).

3. Als Mahlzeit vor dem Nachmittagstraining gehört es zu den Lademahlzeiten für deine Kohlenhydratspeicher (s. S. 14). Deshalb muss ein fettarmer Kohlenhydratträger mit auf den Teller.

Bei den Mittagsrezepten in diesem Buch haben wir diese Funktionen berücksichtigt: Alle Rezepte enthalten einen Gemüseanteil (für Punkt 1), eine ausreichende Menge an Eiweiß (für Punkt 2) und eine gute Kohlenhydratmenge (für Punkt 3).

Was kann ich in der Mensa essen?

An langen Schultagen, an denen du nicht zu Hause essen kannst, ist ein Mittagessen in der Mensa eigentlich immer eine gute Idee. Einfach ein Salamibrötchen und einen Donut am Kiosk kaufen, ist nämlich kein Mittagessen. Das ist viel zu nährstoff- und eiweißarm.

Wenn du in der Mensa mit Köpfchen wählst, kannst du dir hingegen fast immer ein sportlergerechtes Essen zusammenstellen. Achte dabei vor allem auf die folgenden Punkte:

1. Wähle ein Essen aus, bei dem du dir deinen Teller mit den verschiedenen Menükomponenten selbst befüllen kannst. So kommst du am besten an dein optimales Nährstoffpaket.

2. Orientiere dich bei der Zusammenstellung am Tellerbild unten:

- Du brauchst viel mehr Kohlenhydrate als Eiweiß. Achte daher darauf, dass die Kohlenhydratträger mindestens die Hälfte deines Tellers bedecken.
- Ein kleines Stück Fleisch oder Fisch reicht, um deinen Eiweißbedarf zu decken. Beides sind besonders hochwertige Eiweißträger, weshalb du keine großen Mengen brauchst.

3. Wenn es keinen geeigneten Eiweißträger gibt, schau mal bei den Nachspeisen: Auch Quarkspeisen, Skyr oder Joghurt eignen sich dafür.

4. Wenn kein Gemüse dabei ist, hol dir etwas Rohkost und grünen Salat von der Salatbar dazu.

Checke im Voraus den Wochenspeiseplan der Mensa: Sollte es an einem Tag, an dem du in der Mensa essen wolltest, nichts Geeignetes geben, nimm dir deinen Lunch von zu Hause mit. Die Rezepte auf den Seiten 70, 74 und 76 geben dir eine Anregung dafür.

Deine Wahl in der Mensa

Eiweiß

GUT
- Schnitzel natur
- Geschnetzeltes
- Fischfilet natur
- Ei, Spiegelei, Rührei
- Hüttenkäse
- Tofu
- Sojaschnitzel unpaniert
- Quark, Skyr, Joghurt
- Soja-Skyr, -Joghurt

SCHLECHT
- Paniertes Schnitzel
- Würste aller Art
- Leberkäse
- Spare Ribs
- Cordon Bleu
- Kotelett
- Schafskäse
- Halloumi

Beilagen

GUT
- Nudeln
- Reis
- (Ofen-)Kartoffeln
- Spätzle
- Kartoffelbrei
- Couscous
- Bulgur
- Quinoa
- Ebly

SCHLECHT
- Pommes
- Rösti
- Kartoffelpuffer
- Kroketten
- Wedges

GUT
- Warme Gemüsebeilage
- Rohkost & Blattsalat
- Frisches Obst

Mittagessen – deine Entscheidung!

Vom Mittagessen an Trainingstagen benötigt dein Körper

- mindestens 70 g Kohlenhydrate, gerne mehr;
- und ein gutes Nährstoffpaket = ordentlicher Gemüseanteil und Eiweißträger.

Beispiele für gute und schlechte Nährstoffpakete zum Mittagessen

Hühnchen-Erdnuss-Reispfanne

(Seite 60)

Kohlenhydrate: Yes!
Eiweißträger: Yes!
Gemüse: Yes!

85 g
KH

Paniertes Schnitzel mit Kroketten und Paprikasoße

Kohlenhydrate: No
Eiweißträger: Yes!
Gemüse: No

50 g
KH

Lasagne

Kohlenhydrate: No
Eiweißträger: Yes!
Gemüse: No

50 g
KH

Hackfleischbällchen mit Pommes und Erbsen

Kohlenhydrate: No
Eiweißträger: Yes!
Gemüse: zu wenig

50 g
KH

Regional, saisonal und alles, was du kennst

Stefan Pappert

Ist im Sport eine Leistungssteigerung durch richtige Ernährung möglich?
Das Thema Ernährung hat sich mit den Jahren fast genauso stark gewandelt wie der Fußball selbst. Früher war es so, dass die Spieler vor dem Spiel ein Schnitzel und eine Portion Spätzle aßen. Heute sind die physischen Anforderungen so viel höher, dass sie sich zwangsläufig mit dem Thema Essen beschäftigen und aufgeklärter sind. Aber auch für die Regeneration ist die Ernährung äußerst wichtig. So schlägt zum Beispiel die Aufnahme von den richtigen Lebensmitteln das „Eistonnen-Bad" in seinem positiven Effekt, wenn es darum geht, schnell wieder fit zu werden.

Verderben Ernährungspläne die Lust am Essen?
Ernährungspläne verderben, wenn sie richtig angelegt werden, auf keinen Fall den Spaß am Essen. Im Gegenteil, sie erweitern vor allem bei Jugendspielern sogar den Horizont, was das Thema Ernährung angeht. Ernähren sich Jugendspieler selbständig, dann geschieht dies häufig eher einseitig, daher würde ich in der Ernährungsberatung auch genau bei dieser Gruppe ansetzen. Gibt man Fußballern schon in jungen Jahren professionelle Pläne und Beratung an die Hand, entdecken sie das Thema Ernährung als neue Leidenschaft und gesunde Ernährung wird zur Selbstverständlichkeit.

Worauf sollten jugendliche Fußballer vor allem achten?
Mein Leitspruch ist immer: Regional, saisonal und alles, was du kennst. Es bringt nichts, auf cooles, exotisches Powerfood zu setzen, wenn man die Qualität der vor Ort angebotenen Nahrungsmittel nicht prüfen kann. Frischen Fisch, Obst vom Wochenmarkt

„Das Thema Ernährung hat sich mit den Jahren fast genauso stark gewandelt wie der Fußball selbst. Früher war es so, dass die Spieler vor dem Spiel ein Schnitzel und eine Portion Spätzle aßen."

Stefan Pappert (*27. Dezember 1977) arbeitet als Lead Chef für das Wembley National Stadium sowie für Emirates Arsenal und bekocht als Küchenchef der Royal Family auch die Queen. Von 2006–2008 bewirtete er in der Allianz Arena unter anderem den FC Bayern München. Außerdem kochte er bei der WM 2010 in Südafrika.

und Produkte vom kleinen Metzger nebenan kann ich jedem Spieler nur wärmstens empfehlen!

Wie sieht es mit Diäten aus?

Davon hat man sich heute weit entfernt. Man achtet darauf, eine große Auswahl an Lebensmitteln zur Verfügung zu stellen, und das Essen ist gewissermaßen smart geworden. Das heißt, man geht heute ganz individuell vor und überlegt, was für den Spieler das Beste wäre. Es gibt keine allgemeine Verpflegung mehr, weil beispielsweise ein Torwart wie Bernd Leno andere Nährwerte braucht als ein Offensivspieler wie Mesut Özil. Darüber hinaus spielen auch kulturelle Faktoren mit rein wie Herkunft oder Religion.

Viele Jugendspieler sagen, sie hätten keine Zeit für eine gute Ernährung.

Ich denke, dass es eher daran liegt, dass sie zu wenig aufgeklärt sind. Zeit ist genug da, denn sie trainieren ja nicht sieben Tage die Woche. Es geht darum, sich gut zu organisieren und vor dem wöchentlichen Einkauf zu überlegen, was man alles brauchen könnte. Danach sollte man sich einfache Rezepte aussuchen, die schnell gehen. Vor allem Dips und Soßen kann man sehr schnell und gesund selber machen. Man kann auch einige Lebensmittel sehr einfach mit der Zugabe von Walnüssen, Obst oder Gemüse richtig aufpeppen.

Was kann einem Jugendspieler dabei helfen, diszipliniert zu bleiben?

Es ist immer sehr hilfreich, wenn sich der Spieler in einer Umgebung bewegt, in der auf das Thema Ernährung geachtet wird. Es wäre wünschenswert, dass das Thema die gesamte Familie betrifft, ohne die individuellen Vorlieben zu vernachlässigen. Im Profifußball hat man früh erkannt, dass es nicht ausreicht, wenn die Spieler nur auf dem Trainingsgelände gutes Essen zur Verfügung haben. Danach sind sie in der Vergangenheit nach Hause gegangen und haben dort das gegessen, was der Rest der Familie aß – und meistens war das nicht förderlich, weil für den übrigen Haushalt Ernährung keine große Rolle spielte. Heute ist beim Thema Ernährung die gesamte Familie gefragt, und sie erhält dasselbe Essen wie der Profi. Es geht auch darum, sich regelmäßig zu belohnen. Einmal die Woche kann sich sogar ein Profifußballer ein Fast-Food-Menü gönnen!

Es gibt einen Unterschied zwischen Tatar und Hackfleisch: Tatar (auch Schabefleisch genannt) ist deutlich fettärmer. Es wird aus hochwertigem, fettarmem Muskelfleisch wie Filet hergestellt und zudem feiner zerkleinert.

Pro 100 g	Fett	Eiweiß
Rinder-Tatar	3 g	21 g
Rinderhackfleisch	14 g	20 g
Schweinehackfleisch (Mett)	20 g	18 g

ONE-POT-SPAGHETTI-BOLOGNESE

1. Die Kirschtomaten waschen, die Strünke entfernen und die Tomaten vierteln. Die halbe Paprika waschen, entkernen, halbieren und in ca. 1 cm große Würfel schneiden.

2. Pinsele den beschichteten Topf mit dem Olivenöl ein. Gib das geschnittene Gemüse mit dem Tatar und den Dosentomaten hinein, verrühre alles und übergieße es mit der kalten Rinderbrühe. Das Lorbeerblatt, den Thymian und eine kräftige Prise Salz und Pfeffer hinzugeben. Den Deckel auflegen und aufkochen lassen, dann bei mittlerer Hitze weiterköcheln lassen, bis die auf der Verpackung angegebene Garzeit für die Spaghetti erreicht ist. Dabei gelegentlich umrühren, damit sie nicht verkleben.

3. Wenn die Nudeln bissfest sind, nimm den Topf vom Herd und schmecke alles noch einmal mit Salz und Pfeffer ab.

4. Die Spaghetti in deinen tiefen Teller geben und mit den Basilikumblättern garnieren.

ZUTATEN FÜR

1 Portion:

6 Kirschtomaten (ca. 30 g)

½ Paprika, klein (ca. 30 g)

100 g Spaghetti

1 EL Olivenöl

Dosier-Alarm: Bitte wirklich mit dem Esslöffel abmessen, nicht einfach aus der Flasche in die Pfanne geben!

100 g Rinder-Tatar

½ Dose stückige Tomaten (170 g)

210 ml Rinderbrühe

Rinderbrühe im Glas bekommst du im Supermarkt.

1 Lorbeerblatt

1 Zweig Thymian

Salz, Pfeffer

6 Blatt frischer Basilikum

AUSRÜSTUNG

1 Küchenmesser + Schneidebrett
1 beschichteter Topf, mittelgroß
1 Backpinsel
1 Kochlöffel
1 Teller, tief

- Kohlenhydratreiches Mittagessen mit sehr guter Eiweißmenge!
- Fettarm und leicht verdaulich!
- Geht so schnell und easy, dass du dir das mittags daheim locker selber zubereiten kannst! (Vielleicht machst du aber zuerst einen Probelauf zusammen mit deinen Eltern.)
- Super für Tage mit Nachmittagstraining oder als letzte große Mahlzeit ca. 2 Std. vor dem Training!

Nutri-Facts:
(Portion = 650 g)

Energie (kcal):	620
KH (g):	80
Eiweiß (g):	35
Fett (g):	15
BS (g):	10

EINSATZZEIT 30 Min.

SPINAT-KÄSE-MAKKARONI

ZUTATEN FÜR
1 Portion:

70 g TK-Rahmspinat

1 l Wasser

Salz, Pfeffer

100 g Makkaroni

2 EL Mais aus dem Glas oder der Dose (ca. 70 g)

1 rote Paprika, mittelgroß

½ Limette

3 EL Gouda, gerieben

Bitte wirklich mit dem Esslöffel abmessen, nicht einfach aus der Tüte in den Topf schütten!

AUSRÜSTUNG
1 Topf, mittelgroß
1 Sieb, klein
1 Küchenmesser + Schneidebrett
1 Zitronenpresse
1 Sieb, mittelgroß
1 beschichtete Pfanne, mittelgroß
1 Kochlöffel
1 Teller, tief

1. Lasse den TK-Spinat etwas antauen.
2. Fülle den mittelgroßen Topf mit dem Wasser. Das Wasser salzen und aufkochen lassen, dann die Makkaroni hineingeben und kochen lassen, bis die auf der Verpackung angegebene Garzeit erreicht ist. Dabei gelegentlich umrühren.
3. Solange die Makkaroni kochen, den Mais in dem kleinen Sieb abtropfen lassen. Die Paprika waschen, entkernen, halbieren und in ca. 1 cm große Würfel schneiden. Die halbe Limette auspressen, die Kerne aus dem Saft entfernen.
4. Wenn die Makkaroni bissfest sind, gieße sie in das größere Sieb ab und schrecke sie mit kaltem Wasser ab.
5. In der beschichteten Pfanne den angetauten Spinat langsam und nur schwach erhitzen. Sobald er komplett aufgetaut ist, den Mais, die Paprikawürfel und etwa die Hälfte des Gouda dazu geben. Alles verrühren. Den Limettensaft darüber geben. Mit Salz und Pfeffer abschmecken und solange erhitzen, bis der Käse cremig zerlaufen ist.
6. Gib die Makkaroni in die Spinat-Käse-Soße und verrühre alles gut.
7. Auf den tiefen Teller füllen und mit dem restlichen Käse bestreuen.

Nutri-Facts:
(Portion = 530 g)

Energie (kcal):	**760**
KH (g):	**95**
Eiweiß (g):	**35**
Fett (g):	**20**
BS (g):	**15**

- Kohlenhydratreiches Mittagessen mit sehr guter Eiweißmenge!
- Super für Tage mit Nachmittagstraining, vor allem wenn eine intensivere Einheit ansteht, oder als letzte große Mahlzeit ca. 2 Std. vor dem Training!
- Geht so schnell und easy, dass du dir das mittags daheim locker selber zubereiten kannst! (Vielleicht machst du aber zuerst einen Probelauf zusammen mit deinen Eltern.)

- Kohlenhydratreiches Mittagessen mit sehr guter Eiweißmenge!
- Leicht verdaulich!
- Geht so schnell und easy, dass du dir das mittags daheim locker selber zubereiten kannst! (Vielleicht machst du aber zuerst einen Probelauf zusammen mit deinen Eltern.)
- Super für Tage mit Nachmittagstraining!

Nutri-Facts:

(Portion = 550 g)

Energie (kcal):	720
KH (g):	80
Eiweiß (g):	40
Fett (g):	23
BS (g):	8

EINSATZZEIT 30 Min.

HÜHNCHEN-ERDNUSS-REISPFANNE

ZUTATEN FÜR

1 Portion:

100 g Hühnerbrust

Salz

1 Karotte, klein (ca. 50 g)

3–4 Frühlingszwiebeln (ca. 80 g)

1 kleines Stück frischer Ingwer (ca. 3 g)
Du kannst auch ¼ TL gemahlenen Ingwer nehmen.

½ Limette

1 EL Rapsöl
Dosier-Alarm: Bitte wirklich mit dem Esslöffel abmessen, nicht einfach aus der Flasche in die Pfanne kippen!

250g Basmati-Wildreis, Expressreis
(Der ist bereits vorgekocht und geht darum schneller.)

1 EL Sojasauce

1–2 EL Erdnüsse, geröstet (10–20 g)

AUSRÜSTUNG

1 Küchenmesser + Schneidebrett
1 Sparschäler
1 Zitronenpresse
1 beschichtete Pfanne, mittelgroß, tief
1 Backpinsel
1 Pfannenwender
1 Kochlöffel
1 Teller, tief

1. Die Hühnerbrust mit einem Küchentuch trockentupfen, salzen und in ca. 2 cm große Würfel schneiden. Die Karotte waschen und in ca. 1 cm große Würfel schneiden. Die Frühlingszwiebeln waschen und in feine Ringe schneiden. Ein paar Ringe als Deko beiseitestellen. Den Ingwer schälen und mit dem Messer ganz fein hacken. Die halbe Limette auspressen, die Kerne aus dem Saft entfernen.

2. Pinsele die beschichtete Pfanne mit dem Rapsöl ein und erhitze sie stark. Die Hitze etwas reduzieren und die Hühnerbrust bei mittlerer Temperatur von allen Seiten gleichmäßig goldgelb braten.

3. Die Karottenwürfel, die Frühlingszwiebelringe und den Ingwer zugeben und kurz mitbraten.

4. Gib den Expressreis ebenfalls mit in die Pfanne und verrühre alles gut.

5. Mit Salz, der Sojasauce und dem Limettensaft abschmecken. Auf niedriger Temperatur 5 Min. garen.

6. Den Reis in deinen tiefen Teller geben und mit den gerösteten Erdnüssen und den aufgehobenen Frühlingszwiebelringen bestreuen.

EINSATZZEIT 30 Min.

ONE-POT-SPINAT-QUINOA MIT EI

ZUTATEN FÜR
1 Portion:

100 g Quinoa

1 Karotte, klein (ca. 50 g)

⅓ Zucchini (ca. 50 g)

2 Handvoll frischer Babyspinat (ca. 40 g)

450 ml Instant-Gemüsebrühe

½ TL Kräuter der Provence, getrocknet

¼ TL Paprikapulver

1 TL Tomatenmark

Salz, Pfeffer

1 TL Rapsöl (5 g)

Dosier-Alarm: Bitte wirklich mit dem Teelöffel abmessen, nicht einfach aus der Flasche in die Pfanne kippen!

1 Ei, Gr. M

20 g Feta

Dosier-Alarm: Bitte wirklich abwiegen, nicht einfach ein Stück nehmen!

AUSRÜSTUNG
1 Sieb, mittelgroß, fein
1 Sparschäler
1 Küchenmesser + Schneidebrett
1 Salatschleuder
1 Topf, klein
1 Schneebesen
1 Kochlöffel
1 beschichtete Pfanne, klein
1 Backpinsel
1 Teller, tief
1 Kochlöffel
1 Teller, tief

1. Die Quinoa in das Sieb geben und gut durchspülen. Die Karotte waschen, schälen und in dünne Scheiben schneiden. Das Zucchinistück waschen und in ca. 2 cm große Würfel schneiden. Den Babyspinat waschen und trockenschleudern.

2. Gib die Gemüsebrühe mit den Kräutern, dem Paprikapulver und dem Tomatenmark in deinen kleinen Topf und rühre alles mit dem Schneebesen glatt.

3. Die Quinoa, die Karottenscheiben und die Zucchiniwürfel dazugeben und bei aufgelegtem Deckel aufkochen lassen. Die Hitze reduzieren und bei niedriger Temperatur etwa 15 Min. köcheln lassen. Dabei gelegentlich umrühren. 5 Min. vor Ende der Garzeit für die Quinoa den Babyspinat unterheben und weiterköcheln lassen, wenn nötig noch etwas Wasser hinzufügen. Mit Salz und Pfeffer abschmecken.

4. Pinsele in der Zwischenzeit die beschichtete Pfanne mit dem Rapsöl ein, erhitze sie stark und schlage das Ei hinein. Salzen und als Spiegelei braten, bis das Eiweiß am Rand hellbraun wird.

5. Gib das Quinoa-Gemüse auf den Teller, brösele den Feta darüber und lege das Spiegelei obenauf.

- Moderat in den Kohlenhydraten mit guter Eiweißmenge!
- Super Mittagessen für Tage mit nur leichtem Nachmittagstraining oder ohne Training!
- Geht so schnell und easy, dass du dir das mittags daheim locker selber zubereiten kannst! (Vielleicht machst du aber zuerst einen Probelauf zusammen mit deinen Eltern.)

Nutri-Facts:

(Portion = 780 g)

Energie (kcal):	610
KH (g):	70
Eiweiß (g):	25
Fett (g):	20
BS (g):	10

Gib die zweite Portion doch einem deiner Mannschafts-kollegen ab!

Nutri-Facts:

(Portion = 500 g)

Energie (kcal):	**790**
KH (g):	**105**
Eiweiß (g):	**35**
Fett (g):	**25**
BS (g):	**5**

EINSATZZEIT 35 Min.

GEMÜSE-LAHMACUN

1. Heize den Backofen auf 180 °C (Ober-/Unterhitze) vor.

2. Den Pizzateig mit dem Nudelholz gleichmäßig dünn ausrollen.

3. Pinsele die beschichtete Pfanne mit dem Rapsöl ein und erhitze sie stark. Gib das Tatar mit den passierten Tomaten, dem Tomatenmark und dem Paprikapulver hinein und zerkleinere das Tatar mit dem Kochlöffel. Alles vermengen und unter Rühren ca. 3 Min. anbraten.

4. Den Pizzateig auf dem mit Backpapier ausgelegten Backblech ausbreiten und die Fleischmasse gleichmäßig darauf verteilen. Im Ofen auf der mittleren Schiene 20 Min. goldbraun backen .

5. Wasche in der Zwischenzeit die Salatgurke und schneide sie in ca. 1 cm große Würfel. Die Karotte waschen, schälen und in feine Scheiben schneiden. Die beiden Paprikahälften waschen, entkernen, halbieren und in feine Streifen schneiden.

6. Gib das Gemüse in die Schüssel und schmecke es mit Salz und Pfeffer ab.

7. Den fertigen Pizzaboden aus dem Ofen nehmen und auf den Teller legen: Das ist dein Lahmacun.

8. Verteile zuerst den Joghurt, dann das Gemüse gleichmäßig auf dem Lahmacun und halbiere es.

- Kohlenhydratreiches Mittagessen mit sehr guter Eiweißmenge!
- Leicht verdaulich!
- Ballaststoffarm!
- Super für Tage mit Nachmittagstraining, vor allem wenn eine intensivere Einheit ansteht, oder als letzte große Mahlzeit ca. 2 Std. vor dem Training!
- Geht so schnell und easy, dass du dir das mittags daheim locker selber zubereiten kannst! (Vielleicht machst du aber zuerst einen Probelauf zusammen mit deinen Eltern.)

ZUTATEN FÜR

2 Portionen:

1 Pck. Fertig-Pizzateig aus dem Kühlregal

1–2 EL Rapsöl

Dosier-Alarm: Bitte wirklich mit dem Esslöffel abmessen, nicht einfach aus der Flasche in die Pfanne kippen!

150–180 g Tatar *(s. S. 56)*

2–3 EL passierte Tomaten aus dem Glas oder der Dose (60 g)

2 EL Tomatenmark

2 TL Paprikapulver, edelsüß

¼ Salatgurke (ca. 100 g)

1 Karotte, mittelgroß (ca. 80 g)

½ grüne Paprika (ca. 40 g)

½ gelbe Paprika (ca. 40 g)

4–5 EL Joghurt (1,5 % oder 3,5 % Fett) oder Soja-Joghurt (ca. 80 g)

Salz, Pfeffer

AUSRÜSTUNG

1 Nudelholz
1 beschichtete Pfanne, klein
1 Backpinsel
1 Kochlöffel
1 Backblech + Backpapier
1 Küchenmesser + Schneidebrett
1 Sparschäler
1 Schüssel, klein
1 Teller, flach

EINSATZZEIT 1:45 Std.

ZUTATEN FÜR
1 Portion:

120 g Weizenmehl, Type 550

40 g Weizenvollkornmehl

½ TL Trockenhefe

100 ml Wasser, lauwarm

1 TL Salz

1 TL Aktivkohle

Das Rezept funktioniert auch ohne Aktivkohle.

4–5 Kirschtomaten (ca. 100 g)

2–3 EL Mais aus dem Glas oder der Dose (ca. 60 g)

1 Bund Frühlingszwiebeln

8–10 EL Fertig-Tomatensoße aus dem Glas (ca. 160 ml)

5 EL Mozzarella, gerieben

Dosier-Alarm: Bitte wirklich mit dem Esslöffel abmessen, nicht einfach aus der Tüte über die Pizza kippen!

5 Blatt frischer Basilikum

AUSRÜSTUNG
1 Rührschüssel
1 Kuchengabel
1 Geschirrtuch
1 Sieb, klein
1 Nudelholz
1 Backblech + Backpapier
1 Esslöffel
1 Teller, flach

SCHWARZE PIZZA

1. Beide Mehlsorten in der Rührschüssel vermischen, in der Mitte eine kleine Mulde eindrücken und die Trockenhefe hineinrieseln lassen. 2 EL des lauwarmen Wassers auf die Hefe geben. Mit der Kuchengabel zuerst die Hefe mit dem Wasser verrühren, bis eine klebrige Masse entsteht. Dann das Salz und die Aktivkohle hinzugeben sowie das restliche lauwarme Wasser.

2. Verknete die Mehlmischung mit den Händen oder mit einem Handrührgerät mit Knethaken zu einem glatten Teig. Je länger du knetest, desto besser geht der Teig später auf und desto bekömmlicher wird er. Den Teig dann mit einem feuchten Geschirrtuch abdecken und an einem warmen Ort mindestens 1 Std. gehen lassen, bis er etwas mehr als doppelt so groß ist. ***Du kannst den Teig auch 2 Std. oder noch besser über Nacht gehen lassen, wenn du Zeit hast, dann wird er noch besser!***

3. Heize nun den Backofen auf 250 °C (Ober-/Unterhitze) vor.

4. Die Kirschtomaten waschen, die Strünke entfernen und die Tomaten halbieren. Den Mais in deinem Sieb abtropfen lassen. Die Frühlingszwiebeln waschen und in feine Ringe schneiden.

5. Die Arbeitsfläche mit etwas Mehl bestreuen und den Teig mit dem Nudelholz gleichmäßig dünn zu einer runden Form ausrollen. Hebe den Teigfladen dabei ab und zu hoch und drehe ihn um, damit er nicht auf der Arbeitsfläche anklebt.

6. Breite den Teig auf dem mit Backpapier ausgelegten Backblech aus und backe ihn im Ofen auf der mittleren Schiene 2 Min. an.

7. Dann das Blech wieder herausnehmen, mit dem Esslöffel die Fertig-Tomatensoße darauf verstreichen und die Pizza mit den Kirschtomaten, dem geriebenen Mozzarella und den Frühlingszwiebelringen belegen.

8. Die Pizza auf der mittleren Schiene ca. 9 Min. weiterbacken, bis der Käse schön zerlaufen ist.

9. Die Pizza herausnehmen, auf deinen flachen Teller geben und mit dem Mais sowie den Basilikumblättern bestreuen.

- Kohlenhydratreiches Mittagessen mit sehr guter Eiweißmenge!
- Super für Tage mit Nachmittagstraining, vor allem wenn eine intensivere Einheit ansteht!
- Geht, wenn du den Teig am Abend mit deinen Eltern vorbereitest, so schnell und easy, dass du dir das mittags daheim locker selber zubereiten kannst! (Vielleicht macht ihr aber zuerst zusammen einen ganzen Probelauf.)

Nutri-Facts:
(Portion = 690 g)

Energie (kcal):	**880**
KH (g):	**130**
Eiweiß (g):	**30**
Fett (g):	**20**
BS (g):	**15**

Kohlenhydratreiches Mittagessen mit sehr guter Eiweißmenge!

Super für Schultage mit Nachmittagstraining, wenn du nicht zum Essen in die Mensa willst!

Nutri-Facts:

(Portion = 510 g)

Energie (kcal):	**850**
KH (g):	**85**
Eiweiß (g):	**50**
Fett (g):	**30**
BS (g):	**5**

RÜHREI-WRAP

FÜR DIE LUNCHBOX

1. Verrühre in deiner Schüssel mit der Gabel den körnigen Frischkäse mit dem Currypulver, dem Apfelessig, dem Honig und etwas Salz. **Besonders lecker wird die Frischkäsemasse, wenn du sie am Vorabend vorbereitest und über Nacht ziehen lässt.**

2. Die Paprika waschen, entkernen, halbieren und in ca. 1 cm große Würfel schneiden. Die Salatblätter waschen und trockenschleudern. Das Gurkenstück waschen und in kleine Würfel schneiden.

3. Die Eier im Rührbecher mit dem Handrührgerät verquirlen und mit Salz, Pfeffer und den Gartenkräutern abschmecken.

4. Pinsele die kleine beschichtete Pfanne mit dem Rapsöl ein und erhitze sie stark. Das verquirlte Ei hineingeben und unter Rühren bei starker Hitze ca. 4 Min. braten.

5. Die große Pfanne auf mittlere Temperatur bringen. Die Wraps darin von jeder Seite ca. 30 Sek. bzw. solange, wie auf der Verpackung angegeben ist, erhitzen.

6. Nun belegst du die Wraps. Lasse dabei unten jeweils ca. 5 cm Rand, damit du sie später gut umknicken kannst. Beginne mit dem Schinken und verteile dann je die Hälfte der Frischkäsemasse auf der oberen Hälfte. Darauf je die Hälfte des Rühreis, der Paprika, der Salatblätter und der Gurkenwürfel legen – achte aber darauf, die Wraps nicht zu voll zu machen.

7. Zum Schluss die jeweils untere Hälfte nach oben umklappen und den Wrap fest einrollen, dann jeden Wrap in einen Bogen Backpapier oder ein Stück Frischhaltefolie einwickeln, damit nichts heraustropft und er nicht auseinanderfallen kann.

8. Packe die Wraps in deine Lunchbox. **Wenn du jetzt noch Gemüse übrig hast, schneide es einfach in mundgerechte Stücke und packe es als Rohkost-Snacks mit in deine Box!**

ZUTATEN FÜR

1 Portion:

3–4 EL körniger Frischkäse (Halbfettstufe, mind. 20 % i.d.F.; ca. 100 g)

1 TL Currypulver, gelb

1 EL Apfelessig

1 EL Honig (ca. 20 g)

Salz, Pfeffer

1 rote Paprika (ca. 30 g)

3 Blatt Kopfsalat (ca. 30 g)

3 cm Salatgurke (ca. 30 g)

2 Eier, Gr. M

1 TL Gartenkräuter, getrocknet

1 EL Rapsöl

Dosier-Alarm: Bitte wirklich mit dem Esslöffel abmessen, nicht einfach aus der Flasche in die Pfanne kippen!

2 Fertig-Wraps

2–3 Scheiben Putenschinken (ca. 50 g)

AUSRÜSTUNG

1 Schüssel
1 Gabel
1 Küchenmesser + Schneidebrett
1 Salatschleuder
1 Rührbecher, hoch
1 Handrührgerät mit Quirl-Aufsatz
1 beschichtete Pfanne, klein
1 Backpinsel
1 Pfanne, groß
2 Bogen Backpapier oder 2 Stücke Frischhaltefolie

EINSATZZEIT 55 Min.

ZUTATEN FÜR
11 Stück:

½ Pck. Fertig-Pizzateig aus dem Kühlregal

4 EL Tomatenmark

2 TL Wasser

2 TL Zucker

½ TL Thymian, getrocknet

½ TL Oregano, getrocknet

Salz, Pfeffer

5 Scheiben Putenschinken (ca. 100 g)

4–5 Kirschtomaten (ca. 100 g)

½ Paprika, klein

4 EL Mais aus dem Glas oder der Dose

3 EL Mozzarella, gerieben

Dosier-Alarm: Bitte wirklich mit dem Esslöffel abmessen, nicht einfach aus der Tüte über den Teig kippen!

1 EL Olivenöl

AUSRÜSTUNG
1 Nudelholz
1 Rührschüssel, klein
1 Kuchengabel
1 Sieb, klein
1 Esslöffel
1 Küchenmesser + Schneidebrett
1 Muffinblech mit 12 Mulden oder 11 Muffinformen
1 Backblech

PIZZASCHNECKEN

FÜR DIE LUNCHBOX

1. Heize den Backofen auf 200 °C (Ober-/Unterhitze) vor.

2. Den Fertig-Pizzateig halbieren, die eine Hälfte mit dem Nudelholz gleichmäßig dünn ausrollen. **Die zweite Teighälfte kannst du beispielsweise verwenden, um ein kleines Lahmacun nur für dich zu machen. Halbiere dazu einfach alle Zutaten für das Rezept auf Seite 65!**

3. In der kleinen Rührschüssel mit der Kuchengabel das Tomatenmark mit dem Wasser, dem Zucker, dem Thymian und dem Oregano verrühren. Mit Salz und Pfeffer abschmecken.

4. Die Schinkenscheiben in Streifen schneiden. Die Kirschtomaten waschen, die Strünke entfernen und die Tomaten halbieren. Die halbe Paprika waschen, entkernen, halbieren und in ca. 1 cm große Würfel schneiden. Den Mais im kleinen Sieb abtropfen lassen.

5. Verstreiche nun mit dem Esslöffel gleichmäßig deine Tomatensoße auf dem ausgerollten Pizzateig. Dabei rundherum ca. 1 cm Rand lassen, damit die Soße beim Einrollen später nicht ausläuft.

6. Die Schinkenstreifen, die Kirschtomaten, die Paprikawürfel, den Mais und den geriebenen Mozzarella auf der Pizza verteilen, auch jetzt wieder den Rand freilassen.

7. Den Pizzateig stramm einrollen und von allen Seiten mit dem Olivenöl bestreichen. Dann mit dem Küchenmesser in elf gleichgroße Abschnitte teilen.

8. Je einen Abschnitt in eine der Mulden des Muffinblechs bzw. in eine Muffinform legen, die Schnittflächen zeigen dabei nach oben bzw. nach unten. Das Blech oder die Formen auf dein Backblech legen und im Ofen auf mittlerer Schiene 30 Min. goldbraun backen. Dann herausnehmen.

9. Packe als sattmachende Portion fünf bis sechs Schnecken in deine Lunchbox. (U17- und U19-Spieler nehmen sich meist sogar sechs bis sieben Schnecken mit.) ***Wenn du jetzt noch Gemüse übrig hast, schneide es einfach in mundgerechte Stücke und packe es als Rohkost-Snacks mit in deine Box!***

- Kohlenhydratreiches Mittagessen mit sehr guter Eiweißmenge!
- Leicht verdaulich!
- Ballaststoffarm!
- Super am Vortag vorzubereiten!
- Super für Schultage mit Nachmittagstraining, wenn du nicht in die Mensa willst und wenn eine intensivere Einheit ansteht, oder als letzte große Mahlzeit ca. 2 Std. vor dem Training!
- Tolles Mitnahme-Essen und – wenn du nicht gerade sechs Schnecken verputzt – als Zwischenmahlzeit „auf die Hand“ während einer langen Anfahrt zum Training oder auch z.B., wenn du Nachmittagsunterricht hast und direkt von der Schule ins Training gehst!

Pizzaschnecken-Lunch:

(6 x 70 g = 420 g)

Energie (kcal):	**630**
KH (g):	**90**
Eiweiß (g):	**30**
Fett (g):	**20**
BS (g):	**6**

Nutri-Facts:

(Portion = 70 g)

Energie (kcal):	**105**
KH (g):	**15**
Eiweiß (g):	**5**
Fett (g):	**3**
BS (g):	**1**

SCHINKENBRÖTCHEN

FÜR DIE LUNCHBOX

1. Die Brötchen aufschneiden. Die Trauben waschen und in deinem Sieb gut abtropfen lassen.

2. Rühre in der Schüssel mit dem Esslöffel den Frischkäse mit dem Ajvar glatt. Auf den beiden unteren Brötchenhälften gleichmäßig verstreichen.

3. Jeweils etwas Schinken darauf legen, Gartenkresse darüber streuen und die oberen Brötchenhälfte auflegen.

4. Packe die Brötchen mit den Trauben als Rohkost-Snack in deine Lunchbox. (U17- und U19-Spieler nehmen sich meist sogar drei Brötchen mit oder noch eine Banane zusätzlich.)

ZUTATEN FÜR

1 Portion:

2 Vollkornbrötchen (zus. ca. 120 g)
Du kannst auch Brot nehmen, achte aber darauf, dass die Menge gleich bleibt.

2 Handvoll Trauben (ca. 150 g)

2 EL Frischkäse (ca. 40 g)

1 TL Ajvar

5–6 Scheiben Putenschinken (ca. 120 g)

1 EL Gartenkresse

AUSRÜSTUNG

1 Brötchenmesser
1 Sieb, mittelgroß
1 Rührschüssel
1 Esslöffel
1 Buttermesser

- Kohlenhydratreiches Mittagessen mit sehr guter Eiweißmenge!
- Fettarm!
- Geht so schnell und easy, dass du dir das morgens daheim locker selber vorbereiten kannst für die Schule!
- Super für Schultage mit Nachmittagstraining, wenn du nicht in die Mensa willst!

Nutri-Facts:

(Portion = 440 g)

Energie (kcal): **650**
KH (g): **75**
Eiweiß (g): **40**
Fett (g): **15**
BS (g): **10**

Essen im Alltag

Aben

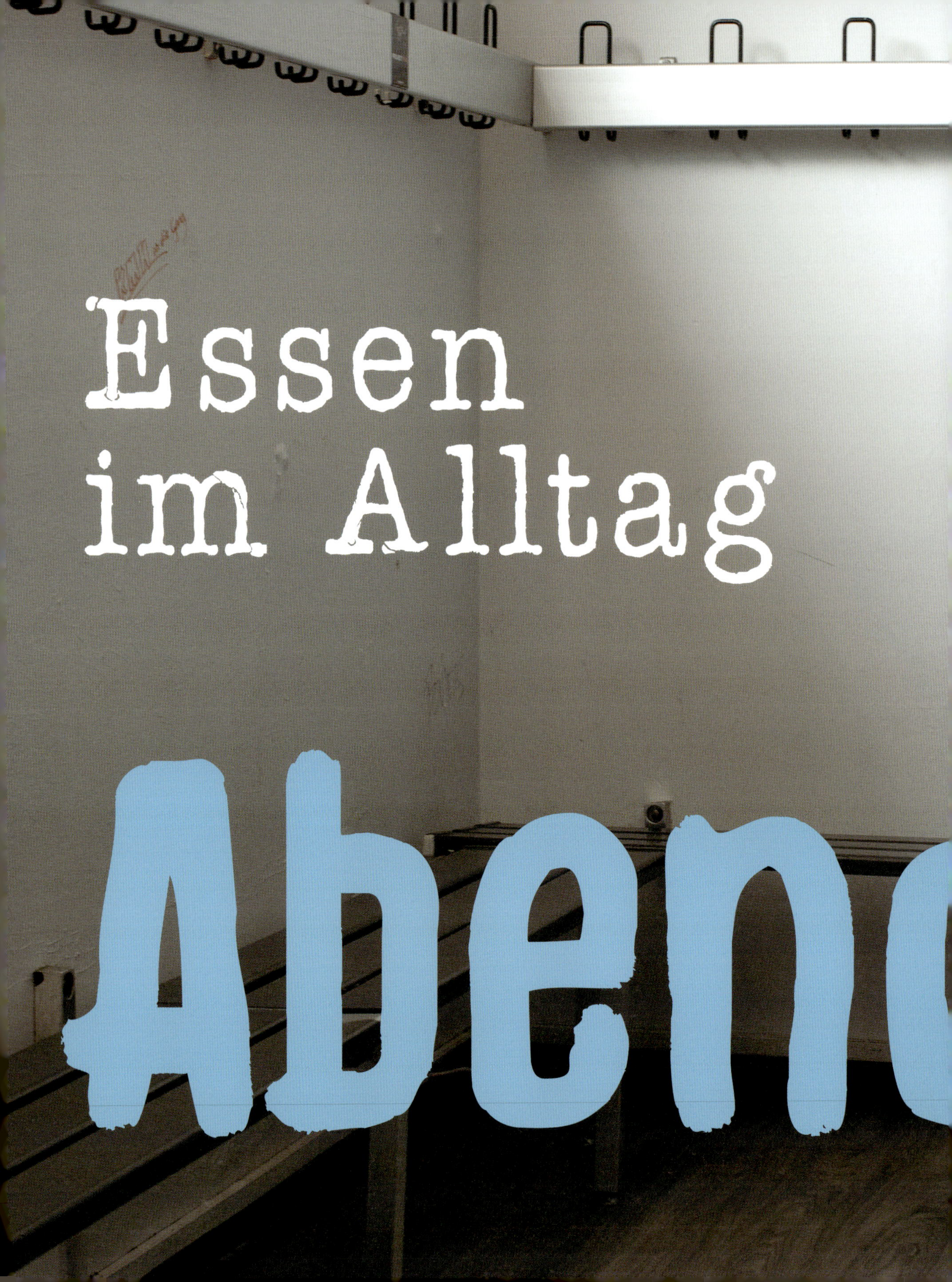

RISK
sarpei
2
TALENTO TODAY
TALENTO TODAY
essen

Abendessen, dein bester Nährstofflieferant

Es ist DIE Mahlzeit, ...

- ... die du auch an Wochentagen normalerweise ganz in Ruhe aufnehmen kannst – im Gegensatz zum Frühstück.
- ... nach der kein Training mehr kommt. Dein Bauch hat also genug Zeit zum Verdauen.
- ... die du normalerweise zu Hause essen kannst. Du hast also – anders als vormittags und mittags, wo du in der Schule bist – 100 % Einfluss darauf, was es gibt! Vor allem diesen Punkt musst du voll ausnutzen, weil du untertags durch deinen vollen Zeitplan mit Schule und Training in der Lebensmittelauswahl oft eingeschränkt bist.

Das Abendessen ist deine Chance, dein Nährstoffpaket zu vervollständigen. Pack deshalb abends all das auf den Teller, was dir beim Essen über den Tag gefehlt hat.

Die besten Tipps für dein perfektes Sportler-Abendessen

1. Vermeide Reis oder Nudeln, wenn du sowas schon mittags hattest. Nimm abends dann lieber Kartoffeln, Quinoa und Co.

2. Achte auf einen großen Gemüseanteil, vor allem dann, wenn dieser mittags eher schmal ausgefallen ist. Und bevorzuge Sorten, die du tagsüber nicht so oft isst.

3. Hab ein Auge auf den Eiweißanteil: Gerade nach dem Training können deine Muskeln den für die Reparaturprozesse gut gebrauchen.

4. Eine warme Mahlzeit am Tag muss sein. Wenn du mittags „kalt" gegessen hast, ist abends darum eine warme Mahlzeit dran. Wenn du mittags „warm" gegessen hast, kannst du abends auch kalt essen. Wenn du aber alle deine Mahlzeiten kalt gestaltest, landest du automatisch immer bei Müsli und Brotzeit, Milch und Pflanzendrinks, Wurst und Käse sowie den Gemüsesorten, die dein Körper auch roh verträgt, wie Karotten, Paprika, Tomaten. Andere wichtige Nährstofflieferanten wie Brokkoli, Zucchini, Erbsen, Bohnen, Reis, Linsen, Kartoffeln, Fleisch, Fisch etc. haben dabei das Nachsehen. Ganz ohne sie ist es jedoch kaum möglich, das notwendige Nährstoffpaket im Wochenschnitt hinzukriegen.

Es ist nicht Wurst, was du aufs Brot legst!

Auch wenn Wurst aus Fleisch und Käse aus Milch gemacht wird: Viele Sorten liefern vor allem – Fett. Sportler wie du, die auf dem Platz kaum Fett verbrauchen (s. S. 14), brauchen davon aber gar nicht so viel und müssen das darum gut dosieren. Ein Brot mit Salami oder Camembert bei der Brotzeit am Abend geht in Ordnung. Auf die anderen muss was anderes drauf.

Vier Tipps für die perfekte Sportler-Brotzeit

TIPP 1: Frisches, saftiges Gemüse direkt aufs Brot!

Du wirst sehen, mit ein bisschen Quark oder Hüttenkäse schmeckt das richtig gut. Und wenn es grünen Salat oder Rohkostsalat gibt, kannst du auch einfach eine Scheibe Brot „ohne alles“ dazu essen.

TIPP 2: Die Hälfte mit Bedacht belegen!

Wähle mindestens für die Hälfte deiner Brote etwas aus diesen vier Belag-Gruppen:

- Quark, Hüttenkäse
- Schnitt- und Hartkäse bis 45 % F.i.Tr., z.B. Gouda, Leerdamer, Grünländer, Tilsiter, Maasdamer, Emmentaler, Cheddar, Bergkäse
- Lachsschinken, Bierschinken, gekochter Schinken, Putenbrust, Putenbierschinken, Kassler-Aufschnitt
- Ei

TIPP 3: Auf Inhaltsstoffe achten!

Vegetarische Brotaufstriche sind oft genauso fettreich wie Wurst und Käse. Außerdem sind sie meist auch noch total eiweißarm.
Checke darum beim Einkauf die Zusammensetzung und die Nährwerte auf dem Etikett. Gute Werte sind:

- **Fett** ≤ 10 g pro 100 g ✓
- **Gemüseanteil** ≥ 50 % pro 100 g ✓
- **idealerweise ohne Palm- oder Kokosfett** ✓

Die Prozentangaben findest du in der Zutatenliste hinter dem jeweiligen Lebensmittel.

Am besten ist es immer noch, wenn du statt dem Aufstrich frisches Gemüse verwendest (s. Tipp 1) oder deinen vegetarischen Brotaufstrich selber herstellst, z.B. unseren Hummus, Seite 92.

TIPP 4: Clever stapeln!

- Verzichte bei Käse, Schinken und vegetarischen Aufstrichen auf die Butter.
- Nimm vor allem beim Käse nicht zu viele Scheiben.
- Auch zu Schinken und Käse kannst du noch Gemüse kombinieren. Lege auf diese Beläge ein Salatblatt, auf das du „rutschige“ Zutaten wie Gurken und Tomaten packen kannst, und lege die zweite Brotscheibe obenauf – so fällt beim Abbeißen nichts runter!

Lachs, Hering oder Makrele darf es ruhig einmal pro Woche geben, um deinen Bedarf an den enthaltenen Fettsäuren zu decken.

- Moderat in den Kohlenhydraten mit sehr guter Eiweißmenge!
- Super Abendessen, wenn am nächsten Morgen kein Training angesetzt ist!
- Reich an Omega-3-Fettsäuren!

Nutri-Facts:

(Portion = 630 g)

Energie (kcal):	**515**
KH (g):	**40**
Eiweiß (g):	**30**
Fett (g):	**25**
BS (g):	**10**

LACHS-FENCHEL-KARTOFFELGRATIN

1. Heize den Backofen auf 180 °C (Umluft) vor.

2. Die Kartoffeln waschen, schälen und in sehr dünne Scheiben schneiden. Die halbe Fenchelknolle waschen, den Strunk herausschneiden und die Knolle in ca. 1 cm große Würfel schneiden. Das Viertel Brokkoli waschen, den Strunkrest herausschneiden, den Stiel schälen. Die einzelnen Röschen vom Stiel abtrennen und wenn nötig noch etwas kleiner schneiden, den Stiel in ca. 1 cm große Würfel schneiden. Die halbe Zitrone auspressen, die Kerne aus dem Saft entfernen.

3. Die Kartoffelscheiben und die Fenchelwürfel gleichmäßig in der Auflaufform verteilen. Die Brokkoliröschen und -würfel darüber geben.

4. In deinem Rührbecher die Sahne mit dem Wasser, dem Zitronensaft und dem Dill glattrühren. Die Mischung mit Salz und Pfeffer abschmecken und gleichmäßig über das Gemüse gießen.

5. Die Auflaufform auf das Backblech stellen. Im Ofen auf der mittleren Schiene 30 Min. garen.

6. Die Form herausnehmen, den Auflauf mit dem Parmesan bestreuen und das Lachsfilet obenauf legen. Weitere 15 Min. im Ofen garen.

7. Den Auflauf auf deinen Teller geben und mit Dill garnieren.

ZUTATEN FÜR

1 Portion:

2–3 Kartoffeln, mittelgroß (200–250 g)

½ Knolle Fenchel

¼ Brokkoli (geputzt ca. 100 g)

½ Zitrone

2 EL Sahne (40 g)

Dosier-Alarm: Bitte wirklich mit dem Esslöffel abmessen, nicht einfach aus der Packung in den Rührbecher kippen!

80 ml Wasser

1 EL frischer Dill + etwas zum Garnieren

Salz, Pfeffer

3 EL Parmesan (ca. 15 g)

Dosier-Alarm: Bitte wirklich mit dem Esslöffel abmessen, nicht einfach aus der Packung über das Gratin kippen!

½ Stck. Lachsfilet (ca. 65 g)

AUSRÜSTUNG

1 Sparschäler
1 Küchenmesser + Schneidebrett
1 Zitronenpresse
1 Auflaufform, klein
1 Rührbecher, hoch
1 Handrührgerät mit Rühraufsatz
1 Backblech
1 Teller, flach

EINSATZZEIT 30 Min.

ONE-POT-THUNFISCH-LINSENNUDELN

ZUTATEN FÜR

1 Portion:

½ Zwiebel, mittelgroß (ca. 50 g)

1 Knoblauchzehe

4–5 Kirschtomaten (ca. 100 g)

1 Karotte, mittelgroß (ca. 50 g)

½ Dose Thunfisch, naturell bzw. im eigenen Saft

½ Zitrone

1 EL frische Petersilie

1 EL Olivenöl

Dosier-Alarm: Bitte wirklich mit dem Esslöffel abmessen, nicht einfach aus der Flasche in den Topf schütten!

220 ml Instant-Gemüsebrühe

70 g Rote-Linsen-Fusilli

½ TL Oregano, getrocknet

Salz, Pfeffer

AUSRÜSTUNG

1 Küchenmesser + Schneidebrett
1 Sparschäler
1 Sieb, klein
1 Zitronenpresse
1 beschichteter Topf, klein
1 Backpinsel
1 Kochlöffel
1 Teller, tief

1. Die halbe Zwiebel schälen und in ca. 1 cm große Würfel schneiden. Den Knoblauch schälen und mit dem Messer sehr fein hacken. Die Kirschtomaten waschen, die Strünke entfernen und die Tomaten halbieren. Die Karotte waschen, schälen und in ca. 1 cm große Würfel schneiden. Den Thunfisch im Sieb gut abtropfen lassen. Die Petersilie waschen und mit dem Messer fein hacken. Die halbe Zitrone auspressen, die Kerne aus dem Saft entfernen.

2. Pinsele deinen Topf mit dem Olivenöl ein und erhitze ihn auf mittlere Temperatur. Den Knoblauch hineingeben; wenn er anfängt zu duften, die Zwiebelwürfel dazugeben. Kurz danach auch die Karottenwürfel in den Topf geben. Die Brühe, die Rote-Linsen-Fusilli, den Oregano und die Kirschtomaten zufügen, salzen und alles zum Kochen bringen. Den Deckel auflegen und die Hitze reduzieren. Ca. 9 Min. köcheln lassen, bis die auf der Verpackung der Fusilli angegebene Garzeit erreicht ist. Dabei gelegentlich umrühren, damit die Linsennudeln nicht verkleben.

3. Sobald die Linsennudeln gar sind, den Topf vom Herd nehmen und den Thunfisch unterheben. Den Zitronensaft darüber geben und mit Salz und Pfeffer abschmecken.

4. Die Linsennudeln in deinen tiefen Teller geben und mit der gehackten Petersilie bestreuen.

- Moderat in den Kohlenhydraten mit sehr guter Eiweißmenge!
- Fettarm!
- Super Abendessen, wenn am nächsten Morgen kein Training angesetzt ist!

Wenn du großen Hunger hast oder schon U19-Spieler bist, bereite gleich die 1,5-fache Menge zu und gönne dir bei Bedarf einen Nachschlag!

Nutri-Facts:

(Portion = 590 g)

Energie (kcal):	470
KH (g):	45
Eiweiß (g):	35
Fett (g):	10
BS (g):	12

- Moderat in den Kohlenhydraten mit sehr guter Eiweißmenge!
- Super Abendessen, wenn am nächsten Morgen kein Training angesetzt ist!

Nutri-Facts:

(Portion = 640 g)

Energie (kcal):	**515**
KH (g):	**40**
Eiweiß (g):	**40**
Fett (g):	**20**
BS (g):	**5**

SCHNITZEL MIT PREISELBEER-KARTOFFELSALAT

1. Die Kartoffeln waschen, in deinen Topf geben und 30 Min. kochen, bis sie weich sind. In das Sieb abgießen, kurz abkühlen lassen und mit dem Messer die Schale abziehen.

2. Lasse die Kartoffeln ganz kalt werden und schneide sie dann in Scheiben. In die Schüssel geben, mit der Gemüsebrühe übergießen und mind. 20 Min. ziehen lassen.

3. In der Zwischenzeit die Salatgurke waschen, längs halbieren und in feine Scheiben schneiden. Den Schnittlauch waschen und in feine Ringe schneiden. Die Radieschen vom Grün befreien, gut waschen, halbieren und in feine Ringe schneiden. Den Babyspinat waschen und trockenschleudern.

4. Hebe mit dem Salatbesteck die Salatgurke, die Radieschen, den Babyspinat und die Preiselbeeren unter die Kartoffelscheiben und schmecke den Salat mit dem Apfelessig und einer kräftigen Prise Salz ab.

5. Pinsele die kleine Pfanne mit dem Rapsöl ein und erhitze sie stark. Gib das Schnitzel hinein, würze es kräftig mit Salz und Pfeffer und brate es auf jeder Seite goldbraun an.

6. Gib das Schnitzel mit dem Kartoffelsalat auf deinen flachen Teller und bestreue es mit dem Schnittlauch. Lege den Zitronenspalt dazu und träufle nach Geschmack beim Essen etwas Zitronensaft frisch auf das Schnitzel. Wer noch Hunger hat, holt sich noch etwas Kartoffelsalat nach. U17- und U19-Spieler können auch noch eine Nachspeise dazunehmen, z.B. frischen Obstsalat oder Joghurt mit Nüssen und etwas Honig.

ZUTATEN FÜR

1 Portion KARTOFFELSALAT:

2–3 Kartoffeln, festkochend, mittelgroß (ca. 200 g)

90 ml Instant-Gemüsebrühe

4–5 cm Salatgurke (ca. 50 g)

1 EL frischer Schnittlauch

4–5 Radieschen (ca. 50 g)

2 Handvoll frischer Babyspinat (ca. 40 g)

1 EL Preiselbeeren aus dem Glas (ca. 20 g)

2 EL Apfelessig

Salz

ZUTATEN FÜR

1 Portion SCHNITZEL:

1 EL Rapsöl

Dosier-Alarm: Bitte wirklich mit dem Esslöffel abmessen, nicht einfach aus der Flasche in die Pfanne schütten!

150 g Schnitzel, natur, mager

Salz, Pfeffer

1 Zitronenspalt

AUSRÜSTUNG

1 Topf, klein
1 Sieb, mittelgroß
1 Küchenmesser + Schneidebrett
1 Salatschleuder
1 Schüssel, mittelgroß
1 Salatbesteck
1 beschichtete Pfanne, klein
1 Backpinsel
1 Pfannenwender
1 Teller, flach

EINSATZZEIT 35 Min.

FLADENBROT MIT HÜHNCHEN

ZUTATEN FÜR
1 Portion:

½ Salatgurke, mittelgroß

½ rote Paprika, klein

4–5 Blatt Kopfsalat

1 EL Joghurt (1,5 % oder 3,5 % Fett)

1 TL frischer Dill

1 EL frischer Schnittlauch

1 TL Honig

Salz, Pfeffer

1 EL Rapsöl

Dosier-Alarm: Bitte wirklich mit dem Esslöffel abmessen, nicht einfach aus der Flasche in die Pfanne schütten!

100 g Hähnchenbrustfilet

½ TL Paprikapulver, edelsüß

20 g Feta

Dosier-Alarm: Bitte wirklich abwiegen, nicht einfach ein Stück nehmen!

¼ Fladenbrot

AUSRÜSTUNG
1 Küchenmesser + Schneidebrett
1 Salatschleuder
1 Schüssel, mittelgroß
1 Gabel
1 beschichtete Pfanne, mittelgroß
1 Backpinsel
1 Teller, flach

1. Die halbe Salatgurke waschen, längs halbieren und ca. ⅓ davon in dünne Scheiben schneiden. Den Rest in mundgerechte Stücke schneiden. Die halbe Paprika waschen, entkernen, halbieren und in feine Streifen schneiden. Die Salatblätter waschen und trockenschleudern. Den Dill sowie den Schnittlauch waschen und grob hacken. Die Hähnchenbrust mit einem Küchentuch trockentupfen und in Streifen schneiden.

2. Verrühre in der Schüssel mit der Gabel den Joghurt mit dem Dill, dem Schnittlauch und dem Honig und schmecke ihn mit Salz und Pfeffer ab. Etwas ziehen lassen.

3. Pinsele die Pfanne mit dem Rapsöl ein und erhitze sie stark. Gib die Hähnchenbruststreifen hinein, würze sie mit Salz, Pfeffer und Paprikapulver und brate sie rundherum goldbraun an.

4. Das Viertel Fladenbrot aufschneiden und nach Geschmack toasten oder kurz im Backofen erhitzen. Die Salatblätter auf die untere Brothälfte legen, die Hähnchenbruststreifen, die Gurkenscheiben und die Paprikastreifen darüber verteilen. Den Feta darüber bröseln. Zuletzt die Joghurtsoße darauf verteilen und das Fladenbrot zuklappen.

5. Gib das Fladenbrot zusammen mit den übrigen Gurkenstücken auf deinen flachen Teller. Wenn du nach dem Essen noch Hunger hast, iss etwas Obst nach Wahl als Nachspeise.

Nutri-Facts:

(Portion = 620 g)

Energie (kcal):	**650**
KH (g):	**70**
Eiweiß (g):	**40**
Fett (g):	**20**
BS (g):	**10**

- Moderat in den Kohlenhydraten mit sehr guter Eiweißmenge!
- Super Abendessen, wenn am nächsten Morgen kein Training angesetzt ist!

Wenn du die Portion nicht ganz schaffst, ist das kein Problem: Hummus hält sich im Kühlschrank einige Tage lang.

Nutri-Facts:

(Portion = 780 g)

Energie (kcal): **810**
KH (g): **100**
Eiweiß (g): **30**
Fett (g): **25**
BS (g): **20**

NAAN-BROT MIT HUMMUS

1. Die Kichererbsen in deinem Sieb gut abtropfen lassen. Die Limette waschen, halbieren und auspressen, die Kerne aus dem Saft entfernen.

2. Fülle das Wasser in den Messbecher und gib die Eiswürfel hinein. 5 Min. stehen lassen, bis die Eiswürfel geschmolzen sind.

3. Gib die abgetropften Kichererbsen mit dem Tahin in den Rührbecher und püriere alles. Dabei langsam das Eiswasser hinzugeben, bis die Masse cremeartig ist.

4. Den Hummus mit dem Limettensaft sowie Salz und Pfeffer abschmecken.

5. Die Salatgurke waschen, längs halbieren und in Streifen schneiden. Die Karotten waschen, schälen, halbieren und in Streifen schneiden. Die Datteln mit dem Messer fein hacken.

6. Die beschichtete Pfanne mittelstark erhitzen und das Naan-Brot hineinlegen. Auf jeder Seite, wie auf der Verpackung angegeben, ca. 30 Sek. lang erhitzen.

7. Den Hummus auf deinem flachen Teller verstreichen und in der Mitte eine Mulde eindrücken. Die gehackten Datteln und das Ajvar hineingeben und den Hummus mit den Gemüsesticks und dem warmen Naan-Brot genießen.

- Kohlenhydratreiches Abendessen mit sehr guter Eiweißmenge!
- Reich an Ballaststoffen!
- Super, wenn am nächsten Morgen Training angesetzt ist!

ZUTATEN FÜR

2 Portionen:

400 g Kichererbsen aus dem Glas (Abtropfgewicht)

1 Limette

200 ml Wasser + 6 Eiswürfel

40 g Tahin

Tahin bekommst Du im Drogerie- oder Supermarkt.

Salz, Pfeffer

1 Salatgurke, klein (ca. 350 g)

3 Karotten, mittelgroß (ca. 300 g)

3–4 Datteln, getrocknet (ca. 30 g)

2–3 Naan-Brote (zus. ca. 160 g)

2 EL Ajvar

AUSRÜSTUNG

1 Sieb, mittelgroß
1 Küchenmesser + Schneidebrett
1 Zitronenpresse
1 Messbecher
1 Rührbecher, hoch
1 Handrührgerät mit Pürier-Aufsatz oder Pürierstab
1 Sparschäler
1 beschichtete Pfanne, groß
1 Teller, flach

EINSATZZEIT 55 Min.

STEAK-BURGER MIT GRILLGEMÜSE

ZUTATEN FÜR

4 BURGER:

Mit diesen Mengen bekommst du auch den Rest deiner Familie satt! Super z.B. für den gemeinsamen Grillabend im Sommer, geht aber auch einfach in der Pfanne.

1 Zucchini, mittelgroß (ca. 200 g)

2 Paprika, klein (ca. 200 g)

1 Aubergine, klein (ca. 200 g)

4 Tomaten, mittelgroß

1 Kopfsalat

2 TL Thymian, getrocknet

2 TL Rosmarin, getrocknet

Salz, Pfeffer

4 Rindersteaks (à 150 g)

4 Scheiben Cheddar-Käse

4 Burger-Brötchen

FÜR DAS

SALATDRESSING:

4 EL Balsamico-Essig, dunkel

2 TL Senf

2 TL Honig

Salz, Pfeffer

1. Die Zucchini waschen, in vier gleichgroße Teile schneiden und längs in ca. 4 mm dicke Streifen schneiden. Beide Paprika waschen, entkernen, halbieren und in ca. 4 cm breite Streifen schneiden. Die Aubergine waschen und in 4 mm dicke Scheiben schneiden. Die Tomaten waschen, die Strünke entfernen und die Tomaten in dünne Scheiben schneiden. Den Kopfsalat waschen, zerteilen und trockenschleudern. 2–3 Salatblätter pro Burger beiseitelegen, den Rest klein zupfen und in die Salatschüssel geben.

2. Für das Dressing in der Rührschüssel mit der Gabel den Essig mit dem Senf und dem Honig verrühren und mit Salz und Pfeffer abschmecken. Das Dressing über den Salat geben und mit dem Salatbesteck unterheben.

3. Die Gemüsestreifen mit dem Thymian und dem Rosmarin würzen sowie salzen und pfeffern.

4. Die Grillpfanne stark erhitzen und die Steaks nacheinander mit je einer Portion der Gemüsestreifen hineinlegen. Von allen Seiten 10 Min. braten, dann je eine Käsescheibe auf das Steak legen und 5 Min. weiterbraten, bis der Käse zerlaufen ist. **Wenn du die Pfanne vor dem Erhitzen mit wenig(!) Bratöl, z.B. Rapsöl einpinselst, werden die Steaks noch etwas dunkler.**

AUSRÜSTUNG

1 Küchenmesser + Schneidebrett
1 Salatschleuder
1 Salatschüssel, groß
1 Rührschüssel, mittelgroß
1 Gabel
1 Salatbesteck
1 Pfanne
1 Pfannenwender
4 Teller, flach
4 Salatschüsseln, klein

5. Wenn alle Steaks fertig gebraten und zusammen mit dem Gemüse aus der Pfanne genommen sind, die Burger-Brötchen aufschneiden und kurz auf je einer Seite toasten, bis sie außen goldbraun und leicht knusprig sind.

6. Je eine untere Brötchenhälfte auf einen der flachen Teller legen, darauf Salatblätter, ein Steak mit Käsescheibe, ein paar Tomatenscheiben und eine Portion des Grillgemüses schichten und den Brötchendeckel auflegen. Den Rest des Grillgemüses auf dem grünen Salat verteilen und auf vier Salatschüsseln aufteilen. Wenn du nach dem Essen noch Hunger hast, iss etwas Obst nach Wahl als Nachspeise.

- Moderat in den Kohlenhydraten mit sehr guter Eiweißmenge!
- Super Abendessen, wenn am nächsten Morgen kein Training angesetzt ist!

Nutri-Facts:

(Portion = 560 g)

Energie (kcal):	**610**
KH (g):	**50**
Eiweiß (g):	**50**
Fett (g):	**20**
BS (g):	**10**

- Kohlenhydratreiches Abendessen mit sehr guter Eiweißmenge!
- Ballaststoffarm!
- Super, wenn am nächsten Morgen Training angesetzt ist!
- Auch super als Mittagessen vor einem Nachmittagstraining oder an Carbo-loading-Tagen!

Nutri-Facts:

(Portion = 400 g)

Energie (kcal):	**655**
KH (g):	**85**
Eiweiß (g):	**35**
Fett (g):	**15**
BS (g):	**5**

EINSATZZEIT 45 Min. + mind. 2 Std. MARINIERZEIT

CHICKEN AND RICE aus GHANA

ZUTATEN FÜR

4 Portionen:

Mit diesen Mengen bekommst du auch den Rest deiner Familie satt!

1 Knoblauchzehe

200 ml Orangensaft

4 EL Sojasoße

2 Hähnchenbrustfilets (ca. 400 g)

400 g Reis

Wenn du großen Hunger hast, bereite vom Reis gleich die 1,5-fache Menge zu und gönne dir bei Bedarf davon einen Nachschlag!

Salz, Pfeffer

1 Zwiebel

2 rote Paprika, mittelgroß

1 frische Chilischote

1 TL Paprikapulver, edelsüß

1 TL Currypulver

2 EL Rapsöl

200 ml Kokosmilch

Dosier-Alarm: Bitte wirklich abmessen, nicht einfach aus der Dose in die Pfanne schütten!

AUSRÜSTUNG

1 Küchenmesser + Schneidebrett
1 Knoblauchpresse
1 Schüssel, klein
1 Kuchengabel
1 Topf, mittelgroß
1 Sieb, groß
1 Pfanne, groß, tief
1 Kochlöffel
1 Teller, tief

1. Die Knoblauchzehe halbieren. Eine Hälfte schälen und durch die Presse drücken, die andere für später beiseitelegen. In der kleinen Schüssel mit dem Orangensaft und der Sojasoße verrühren.

2. Die Hähnchenbrustfilets mit einem Küchentuch trockentupfen, in Streifen schneiden und für einige Stunden in die Sojasoßen-Marinade legen. ***Lege das Fleisch schon am Vorabend ein, dann ist es schön durchgezogen und du kannst direkt loslegen mit dem Kochen.***

3. Bringe den Reis im Topf mit der doppelten Menge Wasser und einer Prise Salz zum Kochen. Reduziere die Hitze und lasse ihn sanft weiterköcheln, bis die auf der Verpackung angegebene Garzeit erreicht ist. Dabei gelegentlich umrühren, damit der Reis nicht anbrennt.

4. Die zweite halbe Knoblauchzehe mit dem Messer fein hacken. Die Zwiebel schälen und in ca. 1 cm große Würfel schneiden. Beide Paprika waschen, entkernen, halbieren und in dünne Streifen schneiden. Die Chilischote entkernen und mit dem Messer fein hacken.

5. Das Fleisch im Sieb abtropfen lassen, die Marinade in der kleinen Schüssel auffangen und beiseitestellen. Das Fleisch mit dem Paprika- und dem Currypulver würzen.

6. Das Rapsöl in der Pfanne stark erhitzen. Die Zwiebelwürfel und den Knoblauch hineingeben und kurz darin schwenken. Dann das Fleisch dazugeben und rundherum goldbraun anbraten.

7. Gib die Chilischote und die Paprikastreifen mit in die Pfanne und lösche alles mit der Marinade und der Kokosmilch ab. Einige Minuten köcheln lassen, bis das Fleisch gar ist.

8. Mit Salz, Pfeffer sowie den anderen Gewürzen abschmecken, eventuell auch noch etwas Wasser hinzufügen.

9. Den Reis mit dem Fleisch auf deinen tiefen Teller geben.

MINUTENSTEAK MIT COUSCOUS

ZUTATEN FÜR

1 Portion:

½ Lauch

½ Zucchini, mittelgroß

2 EL TK-Granatapfelkerne

Granatapfelkerne gibt es in fast jedem Supermarkt.

140 ml Instant-Gemüsebrühe

½ TL Ras el-Hanout (afrikanische Gewürzmischung)

70 g Couscous

Wenn du großen Hunger hast, bereite gleich die 1,5-fache Menge zu und gönne dir bei Bedarf davon einen Nachschlag! Passe dann auch die Menge der Gemüsebrühe an.

2 Handvoll Feldsalat (60 g)

½ Knoblauchzehe

½ Zitrone

5 EL Joghurt (1,5 % oder 3,5 % Fett)

1–2 TL Honig

Salz

1 Minutensteak vom Rind, klein (ca. 100 g)

1 EL Rapsöl

AUSRÜSTUNG

1 Sieb, klein
1 Küchenmesser + Schneidebrett
1 Topf, klein
1 Salatschleuder
1 Zitronenpresse
1 Kochlöffel
1 Pfanne, klein
1 Pfannenwender

1. Die TK-Granatapfelkerne im Sieb auftauen lassen.

2. Den ganzen Lauch gründlich waschen, die harten grünen Blätter und den Strunk entfernen und die Hälfte des weißen Teils in feine Ringe schneiden. Die halbe Zucchini waschen und in ca. 1 cm große Würfel schneiden.

3. Gib die Gemüsebrühe mit den Lauchringen und dem Ras el-Hanout in den kleinen Topf und lasse sie aufkochen. Sofort von der Platte nehmen, den Couscous einrühren und wieder auf die Platte stellen. Die Platte ausschalten und den Couscous mit aufgelegtem Deckel 5 Min. im Topf ziehen lassen.

4. Inzwischen den Feldsalat sehr gründlich waschen (enthält oft viel Sand) und trockenschleudern. Die halbe Knoblauchzehe schälen, mit dem Messer fein hacken. Die halbe Zitrone auspressen, die Kerne aus dem Saft entfernen.

5. Verrühre den Knoblauch und den Zitronensaft mit dem Joghurt und dem Honig und schmecke die Masse mit etwas Salz ab.

6. Das Öl in der kleinen Pfanne stark erhitzen. Das Steak mit einem Küchentuch trockentupfen, salzen und in die Pfanne geben. Von beiden Seiten 30 Sek. anbraten.

7. Den Feldsalat mit den Zucchiniwürfeln, dem Couscous und dem Steak auf den flachen Teller geben, die Granatapfelkerne darüber streuen und den Joghurt darüber träufeln. Wenn du nach dem Essen noch Hunger hast, iss etwas Obst nach Wahl als Nachspeise.

Nutri-Facts:

(Portion = 690 g)

Energie (kcal):	**675**
KH (g):	**75**
Eiweiß (g):	**40**
Fett (g):	**20**
BS (g):	**10**

- Kohlenhydratreiches Abendessen mit sehr guter Eiweißmenge!
- Super, wenn am nächsten Morgen Training angesetzt ist!

Nutri-Facts:

(Portion = 725 g)

Energie (kcal):	**460**
KH (g):	**35**
Eiweiß (g):	**50**
Fett (g):	**10**
BS (g):	**6**

- Kohlenhydratarmes Abendessen mit sehr guter Eiweißmenge!
- Fettarm!
- Besonders lecker im Winter!
- Super, wenn am nächsten Morgen kein Training angesetzt ist!

LIGHT CHICKEN SOUP aus GHANA

1. Die Aubergine waschen und in ca. 2 cm große Würfel schneiden. Die Tomaten waschen, die Strünke entfernen und die Tomaten halbieren. Das Ingwerstück schälen und grob dreiteilen. Die Zwiebeln schälen und jeweils halbieren. Die Knoblauchzehen schälen. Die Chilischoten waschen und entkernen. Die Kartoffeln waschen und schälen.

2. Die Hähnchen-Unterschenkel mit dem Wasser, den halbierten Tomaten, den Ingwerstücken, den Zwiebelhälften, den Knoblauchzehen, den Chilischoten und dem Gemüsebrühenpulver im großen Topf aufkochen. Bei mittlerer Hitze 35 Min. kochen.

3. Währenddessen die Kartoffeln in den mittelgroßen Topf geben und so viel Wasser dazugeben, bis sie knapp bedeckt sind. Dann aufkochen und salzen. Die Hitze reduzieren und je nach Größe der Kartoffeln 15–25 Min. sanft köcheln lassen. Die weichgekochten Kartoffeln in das Sieb abgießen.

4. Wenn die 35 Min. Kochzeit für den Topf mit dem Hähnchenfleisch um sind, nimm die Tomaten, den Ingwer, die Zwiebeln, den Knoblauch und die Chilischoten mit der Siebkelle aus der Brühe und püriere alles zusammen im Rührbecher. Die Auberginenwürfel und das Gemüsepüree wieder in den Topf geben und mit Salz und Pfeffer abschmecken.

5. Während das Huhn noch ca. 10 Min. weiterkocht, die Basilikumblätter waschen und fein hacken. Die Petersilie ebenfalls waschen, aber nur grob hacken.

6. Wenn das Fleisch zart ist, die Hitze reduzieren, das Basilikum einrühren und alles noch einige Minuten ziehen lassen.

7. Die Suppe in Suppenteller füllen. Die Kartoffeln kommen als Beilage auf einen separaten Teller. Bestreue Suppe und Kartoffeln mit der gehackten Petersilie.

ZUTATEN FÜR

4 Portionen:

Mit diesen Mengen bekommst du auch den Rest deiner Familie satt!

1 Aubergine

4 Tomaten, groß

7 cm frischer Ingwer

2 Zwiebeln, mittelgroß

3 Knoblauchzehen

2 frische Chilischoten

Wenn du es nicht so scharf magst, nimm lieber nur eine Schote oder lasse das Chili ganz weg.

800 g Kartoffeln

8 Hähnchen-Unterschenkel (ca. 800 g)

150 ml Wasser

2 TL Instant-Gemüsebrühenpulver

10 Blatt frischer Basilikum

Salz, Pfeffer

1 Handvoll frische Petersilie

AUSRÜSTUNG

1 Küchenmesser + Schneidebrett
1 Sparschäler
1 Topf, groß
1 Topf, mittelgroß
1 Sieb, groß
1 Siebkelle
1 Handrührgerät mit Pürier-Aufsatz oder Pürierstab
1 Rührbecher, hoch
4 Suppenteller

Essen kurz vor dem Train

ing

Was essen vor dem Training?

Sicher kennst du das: Es sind noch 1,5–2 Stunden bis zum Training, und du hast Hunger. Also isst du ein belegtes Brot oder Brötchen. – Hm. Immer noch Hunger. Du würdest gerne ein zweites Brot essen, aber du weißt, dass dir das beim Rennen und Sprinten oder beim Zirkeltraining nicht bekommt: Es wird Völlegefühl, Magendrücken, saures Aufstoßen oder sogar Bauchkrämpfe auslösen … Dann doch lieber kein zweites Brot mehr.

Doch jetzt kommt die gute Nachricht: Es gibt eine tolle Alternative für diese Situationen, nämlich Müsli oder Porridge!

Warum Müsli hier die Geheimwaffe ist

Mit den kleinen, in Flüssigkeit aufgeweichten Flocken hat dein Magen viel weniger Arbeit als mit Brot oder Brötchen. Das merkst du schon im Mund: Du musst nicht so viel kauen und trotzdem fühlt es sich beim Runterschlucken ganz geschmeidig an. Bei Brot, Brötchen und Brezeln hingegen kaust du sehr viel, und trotzdem bleibt das, was du runterschluckst, irgendwie stückig. Und das merkt auch dein Verdauungssystem: Denn zwischen Magen und Darm sitzt eine Messstation, die den Durchmesser der Teilchen im Nahrungsbrei prüft. Sind größere Stückchen dabei, bleibt die Tür zum Darm verschlossen und der Magen muss noch mal eine Runde weiter zerlegen. Das ist eigentlich kein Problem – außer du hast gleich Training.

Wie viel man in welchem Abstand zum Training noch essen kann, ist in einem gewissen Rahmen natürlich individuell. Entscheide nach deinem Bauchgefühl!

Wie groß du deine Portion machst, entscheidest du am besten nach deinem Bauchgefühl. Meist sind 5–10 EL Flocken mit wenig Obst die richtige Menge. Damit kommst du auf ca. 65–90 g Kohlenhydrate, das ist ideal, wenn die letzte größere Mahlzeit bereits 3 oder 4 Stunden zurückliegt. Für diese Kohlenhydratmengen müsstest du übrigens mindestens zwei Brötchen essen.

So wird das Kurz-vor-dem-Training-Müsli besonders verträglich

1. Nimm zarte Flocken, keine kernigen.
2. Verwende keinen Joghurt, keine Zitrusfrüchte und keine sauren Äpfel. Diese Zutaten enthalten viel Säure, was eine Ursache für saures Aufstoßen sein kann.
3. Verwende keinen Quark oder Skyr. Diese Lebensmittel enthalten viel Eiweiß, was die Zeit verlängert, die dein Müsli im Magen bleibt.
4. Verzichte auf harte, kernige Zutaten wie Nüsse, Sonnenblumenkerne, Chia- oder Leinsamen.
5. Schneide nur gut verträgliche Obstsorten hinein: Weintrauben ohne Kerne, Bananen, Melone, Pfirsich.
6. Achte darauf, dass das Obst reif ist, nimm nur wenig und schneide die Früchte super fein.
7. Tausche die Milch gegen einen Pflanzen-Drink. Manche Sportler vertragen Milch kurz vor intensiven Trainings nicht so gut.

Und was, wenn ich lange Schule habe und direkt zum Training muss?

Dann kannst du einfach folgende Tricks anwenden!

TRICK 1: Wenn du einen Shaker oder einen Müsli-to-go-Becher hast, pack die Flocken mit dem Obst da rein und nimm den Pflanzen-Drink in einer Extraflasche mit. Kurz vor dem Essen aufgießen und loslöffeln!

TRICK 2: Rolle die Flocken in einen Wrap ein (s. S. 122 oder S. 150). Auch Wraps werden von den meisten Sportlern besser vertragen als Brötchen. Ein Wrap reicht dann aber vor dem Training. Und sei vorsichtig mit den Wraps vom Hausmeister oder Bäcker an der Schule: Sie enthalten meist viel Fleisch, Eier, Käse und andere schwer verdauliche Sachen.

TRICK 3: Nimm einen der Kabinen-Snacks (ab S. 156) mit in die Schule. Das Bananenbrot oder die verschiedenen Muffins sind super zum Mitnehmen in der Lunchbox und perfekte „leichte“ Sattmacher mit dem nötigen Kohlenhydratanteil vor dem Training.

Darf ich eigentlich noch Süßigkeiten & Co. essen?

Klaro! Jeder darf so etwas essen. Naschereien wie Schokolade, Gummibärchen, Kuchen, Chips, Burger usw. sind ja nicht giftig. Allerdings liefern sie relativ wenig an Vitaminen, Mineralstoffen und Eiweiß, sie sind also keine guten Nährstoffpakete.

Als Fußballspieler musst du beim Naschen darum zwei Punkte beachten:

1. Wann futterst du diese Dinge?

Training und Spiel haben Vorfahrt! Und die erfordern gute Nährstoffpakete, damit dein Körper dabei seine beste Leistung für dich bringen kann. Cheaten und stattdessen Süßes futtern, geht als Fußballprofi nur dann, wenn die Leistung im Training und beim Spiel nicht davon beeinträchtigt wird.

„No-Cheat"-Tage sind darum ...

- ...der Tag vor dem Spiel
- ... der Spieltag (zumindest bis zum Abpfiff)
- ... alle Tage mit intensivem Training

2. Wie viel futterst du im Durchschnitt pro Woche davon?

Aufgrund des geringen Nährstoffgehalts der Naschereien kannst du damit nicht regelmäßig ganze Mahlzeiten ersetzen. No-Gos sind darum,

- regelmäßig Donuts oder Muffins in der Schule zu frühstücken, weil du länger schlafen willst und deshalb nicht zu Hause etwas „Ordentliches" isst;
- mittags Chips, Süßigkeiten oder einen Burger zu verspeisen anstatt etwas Gutes aus der Mensa oder von zuhause;
- nachmittags etwas Süßes zu futtern, weil du Hunger hast, aber keine Lust, dir ein Müsli zu machen (s. S. 106).

Nährstoffpakete unter der Lupe

Schokoriegel

pro Stück

285 kcal
35 g KH
15 g Fett
5 g EW

Vitamin C: 0 %
Eisen: 5 %
Magnesium: 10 %
Vitamin B1: 10 %

VS.

Pfirsich-Mandarinen-Müsli (S. 112)

pro Portion

390 kcal
65 g KH
5 g Fett
10 g EW

Vitamin C. 15 %
Eisen: 25 %
Magnesium: 25 %
Vitamin B1: 30 %

15-20 % mehr Beitrag zu deinem Tagesbedarf an Vitamin C, Eisen, Magnesium und Vitamin B1!

Chips

pro ½ Packung

505 kcal
40 g KH
35 g Fett
5 g EW

Vitamin C: 5 %
Magnesium: 15 %
Vitamin B1: 15 %
Vitamin B2: 5 %

VS.

Schinkenbrötchen für die Lunchbox (S. 76)

pro Portion

650 kcal
75 g KH
15 g Fett
40 g EW

Vitamin C: 50 %
Magnesium: 35 %
Vitamin B1: 85 %
Vitamin B2: 35 %

20-45 % mehr Beitrag zu deinem Tagesbedarf an Vitamin C, Magnesium, Vitamin B1 und B2 und deutlich mehr Kohlenhydrate und Eiweiß.

Snack vor dem Nachmittagstraining –

deine Entscheidung!

In den letzten 2 Stunden vor dem Nachmittagstraining tun deinem Körper 65–100 g Kohlenhydrate gut. Damit bist du besser drauf und das Training wird dir lockerer von der Hand gehen. Wähle deinen Snack davor darum mit Bedacht. Schau dir die Snacks hier mal genau an, werde zum Vollchecker und dann entscheide, was du isst.

Der große Snack-Check:

Vor dem Nachmittagstraining

CHECK 1: Salami-Brötchen

Super lecker, überall zu kaufen, easy aus der Hand zu essen und killt den schlimmsten Hunger. Ein Brötchen ist in Sachen Kohlenhydratlieferung aber für dich ein Tropfen auf den heißen Stein: Für 65–100 g Kohlenhydrate müsstest du schon zwei bis drei Brötchen essen. Und das 1,5 Stunden vor dem Training? Was würde dein Bauch während der Einheit dazu sagen? Frag ihn mal.

CHECK 2: Handvoll Nüsse oder 1 Stück Obst

Obst und Nüsse sind super nährstoffreich, haben aber kaum Kohlenhydrate. Sie sind darum ein toller Snack an trainingsfreien Nachmittagen oder eine super Ergänzung ins Frühstücksmüsli.

Für Nüsse gilt übrigens sowohl für Sportler als auch für Nicht-Sportler die Empfehlung: 1 Handvoll pro Tag!

CHECK 3: Schoko-Kram

Donuts und Schokoriegel liefern gar nicht so viele Kohlenhydrate, wie man denkt. Für die erforderliche Menge vor dem Training müsstest du darum drei Donuts oder drei Schokoriegel essen. Das geht natürlich – aber mal ehrlich: Im Bauch fühlt sich das nicht besonders gut an, weder direkt danach noch im Training. Und oft kommt der Hunger dummerweise auch schnell wieder.

CHECK 4: Frischkäse-Wrap mit frischen Beeren (S. 122) und Hirse-Porridge mit Melone (S. 116)

Die Alternative: Flocken! Für unterwegs eingewickelt in einen Wrap sind sie sehr lecker, schön weich und auch super easy aus der Hand zu essen. Und sie schlagen zwei Salami-Brötchen um Längen in Sachen Verdaulichkeit.

Wenn du zu Hause essen kannst, ist Porridge einfach unschlagbar: Rutscht super, ist saftig und weich, schnell drin und fühlt sich leicht an. Einfach ein Bauchschmeichler. Wenn du sowas noch nie gegessen hast, probier's unbedingt mal aus!

PFIRSICH-MANDARINEN-MÜSLI

ZUTATEN FÜR

1 Portion:

100 ml Milch (1,5 % oder 3,5 % Fett) oder Pflanzen-Drink nach Wahl

2 TL Zimt

1 TL Honig

2–3 EL Mandarinen aus dem Glas oder der Dose

1 frischer Pfirsich, reif

Wenn du gerade keinen Pfirsich hast, kannst du auch z.B. eine Birne nehmen.

5 EL Haferflocken, zart

AUSRÜSTUNG

1 Tasse, groß
1 Teelöffel
1 Sieb, klein
1 Schüssel, klein
1 Küchenmesser + Schneidebrett
1 Müslischale

1. Verrühre die Milch oder den Pflanzen-Drink mit dem Zimt und dem Honig in der Tasse. Wenn du dein Müsli gerne lauwarm magst, kannst du die Mischung auch noch erwärmen.

2. Die Mandarinen im Sieb abtropfen lassen, den Saft dabei in der Schüssel auffangen. Den Pfirsich waschen, entkernen und in ca. 2 cm große Würfel schneiden.

3. Die Haferflocken in deine Müslischale geben und mit der Milchmischung übergießen, dann die Mandarinen und den Pfirsich darüber verteilen. Für den Extra-Mandarinengeschmack kannst du abschließend noch ein wenig aufgefangenen Mandarinensaft darüber träufeln.

- Moderat in den Kohlenhydraten!
- Fettarm!
- Geht so schnell und easy, dass du dir das vor dem Training locker selber zubereiten kannst!
- Super als letzte kleinere Mahlzeit vor einem nur leichten Nachmittagstraining, wenn das Mittagessen schon länger zurückliegt (s. S. 106)!

Nutri-Facts:

(Portion = 345 g)

Energie (kcal):	**390**
KH (g):	**65**
Eiweiß (g):	**10**
Fett (g):	**5**
BS (g):	**8**

EINSATZZEIT 10 Min.

ZUTATEN FÜR

1 Portion:

1 TL Erdnussbutter

1 TL Kakaopulver, ungesüßt

160 ml Pflanzen-Drink nach Wahl

1 Banane

8–10 EL Cornflakes, ungesüßt

4–5 EL Quinoa, gepufft

AUSRÜSTUNG

1 Tasse, groß
1 Kuchengabel
1 Küchenmesser + Schneidebrett
1 Müslischale

CORNFLAKES MIT ERDNUSSBUTTER

1. Verrühre in der Tasse mit der Kuchengabel die Erdnussbutter und das Kakaopulver mit dem Pflanzen-Drink.
2. Die Banane schälen und in dünne Scheiben schneiden.
3. Die Cornflakes und die Bananenscheiben in die Müslischale geben und mit der Erdnussbutter-Mischung übergießen. Die gepufften Quinoa darüber streuen.

Nutri-Facts:

(Portion = 390 g)

Energie (kcal): **480**
KH (g): **90**
Eiweiß (g): **10**
Fett (g): **5**
BS (g): **10**

- Kohlenhydratreicher Snack!
- Sehr fettarm!
- Geht so schnell und easy, dass du dir das vor dem Training locker selber zubereiten kannst!
- Super als letzte kleinere Mahlzeit vor dem Nachmittagstraining, vor allem wenn eine intensivere Einheit ansteht und das Mittagessen schon länger zurückliegt (s. S. 106)!

HIRSE-PORRIDGE MIT MELONE

1. Die Apfelringe und die Trockenfeigen in ca. 1 cm große Würfel schneiden. Die Hirse- und Haferflocken mit dem Kokosmehl und den Fruchtwürfeln in die Müslischale geben.

2. Das Wasser aufkochen und über die Flockenmischung gießen. Das Porridge umrühren und mit der Untertasse abdecken. 7 Min. ziehen lassen.

3. In der Zwischenzeit die Schale und die Kerne des Melonenstücks entfernen und das Innere in sehr kleine Würfel schneiden (je kleiner du die Würfel machst, desto leichter verdaulich ist die Melone für deinen Körper).

4. Rühre das Porridge erneut um. Wenn es zu fest ist, gib noch etwas heißes Wasser hinzu.

5. Den Joghurt über das Porridge geben und die Melonenwürfel darüber streuen. **Probiere dein Porridge zusammen mit dem Obst: Falls es dir noch nicht süß genug ist, kannst du noch etwas Honig dazugeben.**

ZUTATEN FÜR

1 Portion:

1 EL Apfelringe, getrocknet (10 g)

1 EL Feigen, getrocknet (10 g)

4 EL Hirseflocken

4 EL Haferflocken, zart

1 EL Kokosmehl

300 ml Wasser

¼ Stck. frische Honigmelone, klein, reif

4–6 EL Joghurt (1,5 % oder 3,5 % Fett)

1 TL Honig

Du kannst dir das Grundrezept auch gleich auf Vorrat vorbereiten: Vermische einfach die 10-fache Menge der Trockenfrüchte, der Hirse- und Haferflocken und des Kokosmehls und fülle es in eine luftdichte Dose ab. So brauchst du immer nur noch das Obst frisch dazuzugeben.

AUSRÜSTUNG

1 Küchenmesser + Schneidebrett
1 Esslöffel
1 Müslischale
1 Untertasse

- Kohlenhydratreicher Snack!
- Sehr fettarm!
- Super als letzte kleinere Mahlzeit vor dem Nachmittagstraining, vor allem wenn eine intensivere Einheit ansteht und das Mittagessen schon länger zurückliegt (s. S. 106)!
- Durch das Kochen generell verträglicher als kaltes Müsli und daher auch für empfindliche Mägen vor dem Training eine gute Idee!

Nutri-Facts:

(Portion = 595 g)

Energie (kcal):	**510**
KH (g):	**85**
Eiweiß (g):	**15**
Fett (g):	**10**
BS (g):	**9**

EINSATZZEIT 15 Min.

ZUTATEN FÜR

1 Portion:

1 Mandarine, groß

½ frischer Pfirsich, reif (70 g)

2 EL Frischkäse

2 Scheiben Mischbrot, klein, ohne Körner und Samen (zus. ca. 80 g)

1 Messerspitze Zimt

AUSRÜSTUNG

1 Küchenmesser + Schneidebrett
1 Buttermesser

FRISCHKÄSE-MANDARINEN-BROTE

1. Die Mandarine schälen und die Schnitze voneinander trennen. Den halben Pfirsich waschen und in dünne Spalten schneiden.

2. Den Frischkäse gleichmäßig auf den Brotscheiben verstreichen. Die Brote mit dem Zimt bestreuen und die Mandarinenschnitze darauf verteilen. ***Wenn du die Rinde abschneidest und nicht mitisst, werden die Brote noch leichter verdaulich.***

3. Die Brote mit den Pfirsichspalten und übrigen Mandarinenschnitzen als Beilage verputzen.

Nutri-Facts:

(Portion = 300 g)

Energie (kcal):	**380**
KH (g):	**50**
Eiweiß (g):	**10**
Fett (g):	**15**
BS (g):	**7**

- Moderat in den Kohlenhydraten!
- Geht so schnell und easy, dass du dir das vor dem Training locker selber zubereiten kannst!
- Super als letzte kleinere Mahlzeit vor einem leichten Nachmittagstraining!
- Toller Mitnahme-Snack, wenn du Nachmittagsunterricht hast und direkt von der Schule ins Training gehst!

KÄSEBRÖTCHEN MIT APRIKOSEN-CURRY-MARMELADE

ZUTATEN FÜR
1 Portion:

2 EL Aprikosen-Fruchtaufstrich

½ TL Currypulver, gelb, mild

1 Brötchen ohne Körner (ca. 75g)

2 Scheiben junger Gouda, klein (ca. 40g)

Dosier-Alarm: Bitte wirklich nur zwei Scheiben nehmen, nicht mehr!

2 EL frische Gartenkresse

AUSRÜSTUNG
1 Schüssel, klein
1 Esslöffel
1 Brotmesser
1 Buttermesser

1. Den Fruchtaufstrich mit dem Currypulver verrühren.
2. Das Brötchen aufschneiden und den Fruchtaufstrich gleichmäßig auf beiden Hälften verstreichen. Dann die Käsescheiben darauf legen.
3. Das Brötchen mit der frischen Gartenkresse bestreuen.

- Moderat in den Kohlenhydraten!
- Geht so schnell und easy, dass du dir das vor dem Training locker selber zubereiten kannst!
- Super als letzte kleinere Mahlzeit vor einem leichten Nachmittagstraining!
- Toller Mitnahme-Snack, wenn du Nachmittagsunterricht hast und direkt von der Schule ins Training gehst!

Nutri-Facts:
(Portion = 155 g)

Energie (kcal):	**410**
KH (g):	**55**
Eiweiß (g):	**15**
Fett (g):	**10**
BS (g):	**5**

EINSATZZEIT 20 Min.

FRISCHKÄSE-WRAP MIT FRISCHEN BEEREN

ZUTATEN FÜR
1 Portion:

4 EL Hirseflocken

40 ml Wasser

1–2 Handvoll Beeren der Saison, z.B. Himbeeren, Erdbeeren, Brombeeren

Stattdessen kannst du auch die gleiche Menge kernlose Weintrauben oder Bananenscheiben nehmen.

1–2 EL Frischkäse

1 EL Honig

2 TL Zimt

1 Fertig-Wrap, groß (ca. 60 g)

Wenn du U15-Spieler bist, reicht dir wahrscheinlich ein etwas kleinerer Wrap mit ca. 40 g

AUSRÜSTUNG

1 Tasse, groß
1 Esslöffel
1 Pfanne, groß, tief
1 Bogen Backpapier oder
1 Stück Frischhaltefolie

1. Die Hirseflocken in die Tasse geben. Das Wasser aufkochen und über die Flocken gießen. Gut umrühren und 1 Min. quellen lassen.

2. Wasche in der Zwischenzeit vorsichtig die Beeren.

3. Rühre den Frischkäse, den Honig und den Zimt unter die Hirseflocken, bis die Konsistenz cremig ist. Dann die Beeren unterheben.

4. Die Pfanne auf mittlere Temperatur bringen. Den Wrap darin von jeder Seite ca. 30 Sek. bzw. solange, wie auf der Verpackung angegeben ist, erhitzen.

5. Bestreiche den Wrap mit der Hirse-Frischkäse-Masse, lasse dabei unten ca. 5 cm Rand. Dann die untere Hälfte nach oben umklappen und den Wrap fest einrollen. In einen Bogen Backpapier oder ein Stück Frischhaltefolie einwickeln, damit nichts heraustropft und er nicht auseinanderfallen kann.

Nutri-Facts:
(Portion = 325 g)

Energie (kcal):	**560**
KH (g):	**85**
Eiweiß (g):	**15**
Fett (g):	**15**
BS (g):	**5**

- Kohlenhydratreich!
- Leicht verdaulich!
- Toller Mitnahme-Snack für eine lange Anfahrt zum Training oder auch z.B., wenn du Nachmittagsunterricht hast und direkt von der Schule ins Training gehst (s. S. 74, 156 oder 160)!

Essen am Sp

ieltag

Warum Carboloading vor dem Spiel sinnvoll ist

Der Brennstoff, den deine Muskeln für schnelle und lange Sprints brauchen, sind die Kohlenhydrate (s. S. 14). Jeder Sprint oder schnellere Lauf „kostet" dich etwas aus deinem Muskelspeicher. Und je mehr Kohlenhydrate du in deinen Muskeltanks hast, desto mehr schnelle Meter kannst du in den 90 Min. eines Spiels machen. Logisch, oder?

Und es klingt nicht nur logisch, es konnte sogar in Tests mit Fußballspielern bewiesen werden. Die Abbildung unten verdeutlicht die Ergebnisse von so einem Test. Bei dem Test wurde den Spielern vor und nach dem Spiel sowie in der Halbzeitpause Gewebe aus dem Oberschenkelmuskel entnommen, um die gespeicherte Kohlenhydratmenge zu messen. Während des Spiels wurde aufgezeichnet, wie viele Kilometer jeder Einzelne zurückgelegt hat.

Dabei fand man heraus:

- Die Spieler, die vor dem Spiel **gut gefüllte** Kohlenhydratspeicher im Muskel hatten, konnten insgesamt **deutlich mehr Kilometer** zurücklegen. Sie haben vor allem in der zweiten Halbzeit weniger abgebaut als die Spieler, die mit weniger gut gefüllten Kohlenhydratspeichern ins Spiel gegangen sind. Und sie hatten deutlich höhere High-Speed-Anteile.

- Die Spieler mit den **weniger gut gefüllten** Kohlenhydratspeichern sind dagegen **viel gegangen,** immerhin 50 % der Gesamtstrecke, und haben damit ihren Speed an ihr Brennstoffgemisch angepasst: Denn beim Gehen kann der Körper auch Fett als Brennstoff nehmen.

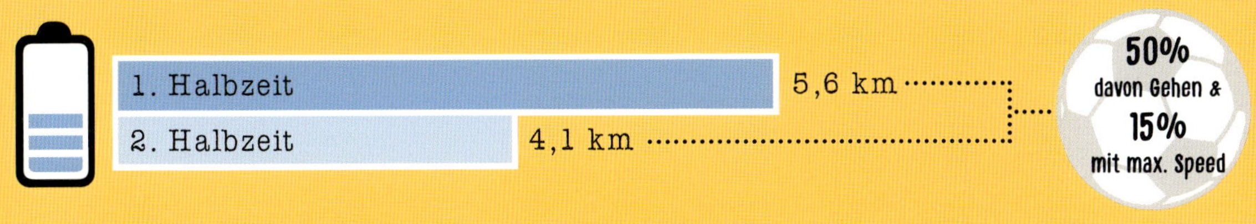

Darum hier der Tipp für dich: Dreh den Spieß um und passe dein Brennstoffgemisch an den Speed an, den du im Spiel haben willst. Das bekommst du mit dem sogenannten Carboloading hin, also mit dem gezielten Verzehr von Kohlenhydraten, um deinen Speicher im Muskel voll zu machen (s. S. 14). Davon profitierst du vor allem dann, wenn du normalerweise über beide Halbzeiten eingesetzt wirst.

Carboloading ist also „Tanken für die Muskeln", nach dem gleichen Prinzip wie beim Auto:

Nach dem Spiel sind deine Speicher dann übrigens wieder genauso leer, wie wenn du sie vorher nicht vollgetankt hättest. Auch das haben die Untersuchungen klar gezeigt. Denn dein Muskel nutzt das, was da ist, voll aus. Genau deshalb kannst du ja auch mehr Meter schnell laufen. Wenn du am Wochenende also zwei Spiele hast, musst du nach dem Samstagsspiel gleich mit dem Carboloading, also dem Auftanken für Sonntag beginnen. ***Denn den Muskelspeicher zu füllen, braucht Zeit und ist mit einer Mahlzeit nicht getan.***

So funktioniert dein Carboloading!

Es reicht nicht, am Abend vor dem Spiel ein Pastagericht zu essen. Du brauchst mindestens 4 Mahlzeiten, damit du die notwendige Kohlenhydratmenge zusammenbekommst!

Hier haben wir dir Beispielpläne fürs Carboloading am Tag vor dem Spiel zusammengestellt. Wir haben gezielt kohlenhydratreiche Rezepte ausgesucht, die bei den Ballaststoffen eher niedrig liegen. So bleibt die Essensmenge klein und die Mahlzeit wird besser verträglich. Orientiere dich grob an diesen Plänen und richte dich bei der Portionsgröße nach deinem Hungergefühl.

Beispiel-Carboloading-Pläne für dich

Am Tag vor dem Spiel: **für U15-Spieler**

FRÜHSTÜCK	PAUSE	MITTAGESSEN	SNACK	ABENDESSEN
z.B. Seite 140 oder 142	freie Wahl	Zuhause z.B. Seite 58 oder 60	z.B. Seite 116 oder 122	z.B. Seite 100 oder 146

Muskelspeicher laden

Ergibt (ohne die Pause am Vormittag) ca. 340 g Kohlenhydrate

→ Passt für ein Körpergewicht von 45–55 kg

→ Wenn du magst, trinke zu den Hauptmahlzeiten noch eine Saftschorle.

Am Tag vor dem Spiel: **für U-17- und U19-Spieler**

FRÜHSTÜCK	PAUSE	MITTAGESSEN	SNACK	ABENDESSEN
z.B. Seite 140 oder 142	z.B. Seite 120 oder 156	Zuhause z.B. Seite 58 oder 64	z.B. Seite 116 oder 122	z.B. Seite 100 oder 146
		U19: +0,5 l Saftschorle		U19: +0,5 l Saftschorle

Muskelspeicher laden

Ergibt ohne Saftschorlen ca. 420 g Kohlenhydrate

→ Passt für ein Körpergewicht von 55–60 kg

Ergibt mit Saftschorlen ca. 470 g Kohlenhydrate

→ Passt für ein Körpergewicht von 60–70 kg

Essen bei Anpfiff um 9 Uhr

Frühstück am Spieltag ist mega-wichtig, ganz besonders, wenn schon um 9 Uhr Anpfiff ist. Denn nach den ungefähr acht Stunden, in denen du geschlafen und nichts gegessen hast, sind die Kohlenhydratmengen in deinem Blut und in der Leber niedrig. Untersuchungen zeigen, dass eine hohe Kohlenhydratzufuhr in den letzten zwei bis drei Stunden vor dem Anpfiff die Leistung im Spiel verbessert.

120–200 g Kohlenhydrate sind ein gutes Ziel für dieses Zeitfenster.

Du musst nicht die ganze Kohlenhydratmenge beim Frühstück aufnehmen, sondern kannst auch noch auf der Fahrt, beim Umziehen und beim Aufwärmen etwas snacken und deinen Bedarf so decken.

Aber ohne ein super-kohlenhydratreiches Frühstück schaffst du diese Menge nicht.

Dabei helfen dir beispielsweise unsere Frühstücksrezepte für den Spieltag (ab S. 134). Bevor du diese Mahlzeiten vor einem Spiel einsetzt, solltest du ihre Verträglichkeit aber an Trainingstagen gründlich testen – am besten durch den Verzehr zwei bis drei Stunden vor einem intensiven Training. Probiere dabei ruhig herum und wandle die Rezepte ab (z.B. auf Basis der Tipps zur Verträglichkeit auf S. 106), bis du dein persönliches „bestes Frühstück für Vormittagsspiele“ gefunden hast.

Die besten Tricks für einen gut vorbereiteten frühen Anpfiff

Iss auf keinen Fall beim Frühstück und den Snacks weiter, obwohl du merkst, dass es dir zu viel ist. Entscheide nach deinem eigenen Bauchgefühl. Die Kohlenhydrate bringen nichts, wenn du vor lauter Magendrücken und Völlegefühl nicht mehr schnell laufen kannst!

1. Frühstücke mindestens zwei Stunden, besser noch drei Stunden vor dem Anpfiff, damit du genug Zeit zum Verdauen hast. Dafür ist es natürlich wichtig, dass du rechtzeitig aufstehst. Übrigens auch für deinen Kreislauf: Der kommt gerade morgens besser in Schwung, wenn du schon ein bisschen länger auf den Beinen bist.

2. Sorge auch im Alltag für gute Frühstücksgewohnheiten: Dein Magen-Darm-Trakt ist ein Gewohnheitstier. Wenn du normalerweise nie vor der Schule frühstückst, kann es gut sein, dass dir dein Bauchgefühl am Spieltag morgens um 6:30 Uhr sagt: „Ich kann jetzt nichts essen." Wenn dir das so geht, führe unbedingt ein Frühstück vor der Schule ein.

Beispiel-Ernährungsplan für dich bei Anpfiff 9 Uhr

Kein Daddeln und stundenlanges Social-Media-Checken. Das verschlechtert deine Leistung im Spiel.

Am Tag vor dem Spiel: Carboloading nicht vergessen	Frühstück (ab Seite 134)	Auf der Fahrt/in der Kabine: Snacks (ab Seite 156)	SPIEL	Mittagessen
	6.30 Uhr →	🚗 →	9.00 Uhr	

Trinken nach Durstgefühl

Unsere Frühstücksrezepte bringen dir schon mal 90–105 g Kohlenhydrate. Den Rest kannst du durch Kombinationen nach deinem Geschmack erreichen, z.B.

- ein Glas Saft zum Frühstück (ca. 25 g KH) oder/und
- 0,5 l Saftschorle auf der Fahrt zum Spiel (ca. 25 g KH) oder/und
- kohlenhydratreiche Snacks (s. ab S. 156), zwischen Frühstück und Aufwärmen aufgenommen.

Essen bei Anpfiff um 13 oder 15 Uhr

Die goldene Regel für diese beiden Anpfiff-Zeiten: Nimm die letzte große Mahlzeit drei bis vier Stunden vorher ein.

Was du sonst noch beachten solltest:

- Kalt oder warm? Iss warm, wann immer es geht.
- Welche Kohlenhydratlieferanten? Die besten! Nudeln, Reis oder Couscous bringen im Verhältnis die meisten Kohlenhydrate. Außerdem sind sie gekocht schön weich und rutschen gut runter.
- Welche Beilagen? Wenig Gemüse, Soße und Käse. Kein Fleisch oder Fisch, damit nichts lange im Magen liegt.
- Wie viel? Die Faustregel lautet: 120–200 g Kohlenhydrate vor dem Spiel = gute Leistung. Mehr ist gut, wenn du es verträgst. Unsere Rezeptvorschläge (S. 144 und 146) liefern dir 70–100 g. Du kannst eine größere Portion machen und deine komplette Kohlenhydratladung mit dieser Mahlzeit aufnehmen. Du kannst dein Mittagessen aber auch mit einem Frühstück davor und ein paar Kabinen-Snacks (Rezepte 42–47) kombinieren.

Mache dir einen groben Plan, was du ungefähr essen musst, um auf 120–200 g Kohlenhydrate zu kommen. Im Gegensatz zum Anpfiff um 9 Uhr (s. S. 130) hast du ausreichend Zeit, um diese Kohlenhydratmenge zu schaffen. Nutze das aus. Und natürlich gilt auch hier: Nichts reinzwingen. Wenn du das Gefühl hast, es wird zu viel, nimm eher noch ein Getränk mit Kohlenhydraten dazu.

Beispiel-Ernährungsplan für dich bei Anpfiff **13 Uhr**

Am Tag vor dem Spiel: Carboloading nicht vergessen

Frühstück (ab Seite 134)	Mittagessen (ab Seite 144) evtl. +0,5 L Saftschorle (25 g KH)	Auf der Fahrt/ in der Kabine: Snacks (ab Seite 156)	SPIEL
8.30 Uhr	**10.00 Uhr**	→	**13.00 Uhr**

Nachmittagssnacks

\+ 0,5 l Saftschorle (25 g KH)
1 Stck. Bananenbrot (45 g KH, S. 156)
Apfel-Zimtschnecken-Muffins (30 g KH, S. 164)

Kein Daddeln und stundenlanges Social-Media-Checken. Das verschlechtert deine Leistung im Spiel.

Beispiel-Ernährungsplan für dich bei Anpfiff **15 Uhr**

Am Tag vor dem Spiel. Carboloading nicht vergessen

Frühstück (ab Seite 134)	Mittagessen (ab Seite 144) evtl. +0,5 L Saftschorle (25 g KH)	Auf der Fahrt/ in der Kabine: Snacks (ab Seite 156)	SPIEL
9.00 Uhr	**11.30 Uhr**	→	**15.00 Uhr**

Abendessen

\+ 0,5 l Saftschorle (25 g KH)
1 Stck. Bananenbrot (45 g KH, S. 156)
Zitronenkuchen (40 g KH, S. 160)

FRENCH TOAST

1. Die Eier in den tiefen Teller schlagen und mit der Gabel mit der Milch, dem Honig, dem Vanillepulver und einer Prise Meersalz gut verrühren.

2. Die Banane schälen und in Scheiben schneiden.

3. Die Toastscheiben nacheinander in den Teller mit der Eiermischung legen, jeweils kurz durchziehen lassen.

4. Pinsele die Pfanne mit dem Kokosöl ein und erhitze sie stark. Gib die Toasts hinein und brate sie von beiden Seiten etwa 5 Min. goldbraun an. **Nimm wirklich nicht mehr Eier als angegeben und auch auf keinen Fall mehr Kokosöl – sonst tut sich dein Körper schwer mit der Verdauung.**

5. Die Toastscheiben auf den flachen Teller legen und die Bananenscheiben darauf verteilen.

ZUTATEN FÜR

1 Portion:

2 Eier, Gr. M

70 ml Milch (1,5 % oder 3,5 % Fett)

1–2 EL Honig

1 Messerspitze Vanillepulver

Salz

1 Banane (120 g)

4 Scheiben Toast (muss kein Vollkorntoast sein; zus. ca. 100 g)

1 TL Kokosöl

Dosier-Alarm: Bitte wirklich mit dem Teelöffel abmessen, nicht einfach aus der Flasche in die Pfanne kippen!

AUSRÜSTUNG

1 Teller, tief
1 Gabel
1 Küchenmesser + Schneidebrett
1 beschichtete Pfanne, groß
1 Backpinsel
1 Pfannenwender
1 Teller, flach

- Sehr kohlenhydratreiches Frühstück!
- Ballaststoffarm!
- Leicht verdaulich!
- Super für Tage mit Spielen um die Mittagszeit oder am Nachmittag!

Nutri-Facts:

(Portion = 475 g)

Energie (kcal):	**705**
KH (g):	**95**
Eiweiß (g):	**25**
Fett (g):	**20**
BS (g):	**5**

EINSATZZEIT 25 Min.

BUTTERMILCH-PANCAKES MIT OBSTSALAT

ZUTATEN FÜR
1 Portion:

½–1 Banane, reif

1 Handvoll Weintrauben ohne Kerne

1 EL frische Blaubeeren

70 g Mehl

¼ TL Backpulver

100 ml Buttermilch

1 EL Butter

1 Ei, Gr. S

1 EL Zucker

Salz

1 TL Rapsöl

Dosier-Alarm: Bitte wirklich mit dem Teelöffel abmessen, nicht einfach aus dem Glas in die Pfanne geben!

etwas Ahornsirup

AUSRÜSTUNG
1 Küchenmesser + Schneidebrett
1 Schüssel, klein
1 feines Sieb, klein
1 Handrührgerät mit Rühr-Aufsatz
1 Rührschüssel
1 beschichtete Pfanne, mittelgroß
1 Backpinsel
1 Pfannenwender
1 Teller, flach

1. Die Butter aus dem Kühlschrank nehmen, damit sie Zimmertemperatur annimmt.
2. Die Banane schälen und in Würfel schneiden. Die Weintrauben waschen und halbieren. Die Blaubeeren waschen. Das Obst zusammen in die Schüssel geben und gut mischen.
3. Das Mehl mit dem Backpulver vermischen und in eine Rührschüssel sieben. Die Buttermilch, die Butter, das Ei, den Zucker und eine Prise Salz hinzugeben und alles schaumig rühren.
4. Pinsele die beschichtete Pfanne mit dem Rapsöl ein und erhitze sie stark. Gib den Teig portionsweise in die Pfanne und backe jeden Pancake von beiden Seiten goldbraun aus.
5. Die Pancakes auf dem flachen Teller aufstapeln und mit dem Ahornsirup beträufeln. Verspeise dazu den Obstsalat. U15-Spieler lassen vielleicht etwas Obst übrig, damit die Pancakes alle reinpassen.

- Kohlenhydratreiches Frühstück!
- Ballaststoffarm!
- Leicht verdaulich (wenn du wirklich nur sehr wenig Fett nimmst zum Ausbacken)!
- Ohne oder mit wenig Obst auch gut geeignet bei Anpfiff um 9 Uhr als letzte größere Mahlzeit (dann schon gegen 6:45 Uhr frühstücken; s. S. 130)!

Nutri-Facts:
(Portion = 430 g)

Energie (kcal):	**695**
KH (g):	**105**
Eiweiß (g):	**20**
Fett (g):	**20**
BS (g):	**5**

BANANEN-HIRSE-MÜSLI

1. Die Banane schälen und in ca. 1,5 cm dicke Scheiben schneiden.

2. Die Milch in der Tasse mit dem Esslöffel mit dem Vanillepulver, dem Kakaopulver und dem Honig verrühren.

3. Die Hirseflocken in deine Müslischale geben, die Bananenscheiben darüber verteilen und mit der Milch übergießen.

ZUTATEN FÜR

1 Portion:

1 Banane, reif

160 ml Milch oder Hafer-Drink

½ TL Vanillepulver

1 EL Kakaopulver

1 TL Honig

6–8 EL Hirseflocken

U17- und U19-Spieler nehmen evtl. 1–2 EL Flocken mehr.

AUSRÜSTUNG

1 Küchenmesser + Schneidebrett
1 Tasse, groß
1 Esslöffel
1 Müslischale

- Kohlenhydratreiches Frühstück!
- Fettarm!
- Leicht verdaulich!

Nutri-Facts:

(Portion = 395 g)

Energie (kcal): **470**
KH (g): **90**
Eiweiß (g): **10**
Fett (g): **5**
BS (g): **8**

EINSATZZEIT 45 Min.

MILCHREISFLOCKEN-PORRIDGE MIT BIRNENKOMPOTT

ZUTATEN FÜR

1 Portion:

1 große Birne, reif

90 ml Wasser

1 EL Zucker

1 Pck. Vanillezucker

1 TL Zimt

2 Nelken, ganz

1 EL Zitronensaft

Das Kompott am besten schon am Vorabend zubereiten, das spart dir morgens Zeit!

100 ml Milch (1,5 % oder 3,5 % Fett) oder Pflanzen-Drink nach Wahl

6–8 EL zarte Milchreisflocken

Milchreisflocken gibt's im gut sortierten Bioladen.

2 TL Zucker

1 TL Zimt

AUSRÜSTUNG

1 Sparschäler
1 Küchenmesser + Schneidebrett
1 Topf, mittelgroß
1 Kochlöffel
1 Schüssel, klein
1 beschichteter Topf, klein
1 Holzlöffel
1 Müslischale

1. Für das Kompott die Birne waschen, schälen, halbieren, das Kerngehäuse entfernen und das Innere in ca. 2 cm große Würfel schneiden.

2. In dem mittelgroßen Topf das Wasser mit dem Zucker, dem Vanillezucker, dem Zimt und den Nelken aufkochen lassen. Die Birnenwürfel dazu geben, erneut aufkochen lassen, dann die Hitze reduzieren und das Kompott 10 Min. sanft köcheln lassen. Dabei gelegentlich umrühren.

3. Nimm den Topf vom Herd, rühre den Zitronensaft unter das Kompott und lasse alles in der Schüssel abkühlen. Wenn du es schon am Vorabend zubereitest, stelle die Schüssel über Nacht in den Kühlschrank.

4. Bringe für das Porridge die Milch in dem beschichteten Topf vorsichtig bei mittlerer Hitze zum Sieden. Gib die Milchreisflocken hinzu und rühre stetig mit dem Holzlöffel um, damit nichts anbrennt. Bei Bedarf noch etwas Wasser hinzugießen.

5. Den kleinen Topf nach 5 Min. vom Herd nehmen, den Deckel auflegen und 7 Min. ziehen lassen. Den Zucker gut mit dem Zimt vermischen.

6. Das Porridge mit dem Birnenkompott in deine Müslischale geben und mit dem Zimtzucker bestreuen. U15-Spieler lassen vielleicht etwas übrig, damit der Magen nicht zu voll wird.

- Sehr kohlenhydratreiches Frühstück!
- Leicht verdaulich!
- Auch gut geeignet bei Anpfiff um 9 Uhr als letzte größere Mahlzeit (dann gegen 7 Uhr frühstücken; s. S. 130)!

Nutri-Facts:

(Portion = 485 g)

Energie (kcal):	**530**
KH (g):	**105**
Eiweiß (g):	**10**
Fett (g):	**5**
BS (g):	**6**

HIRSE-MANDARINEN-TRINKMÜSLI

ZUTATEN FÜR
1 Portion:

1 Banane, reif

1 Mandarine

6–8 EL Hirseflocken

160 ml Milch oder Pflanzen-Drink nach Wahl

1–2 EL Honig

½ TL Zimt

AUSRÜSTUNG
1 Küchenmesser + Schneidebrett
1 Standmixer oder Handmixer
1 Glas, groß

1. Die Banane schälen und in Scheiben schneiden. Die Mandarine schälen und die Schnitze voneinander trennen.
2. Gib die Hirseflocken mit den Bananenscheiben, den Mandarinenschnitzen, der Milch, dem Honig und dem Zimt in den Mixer und mixe alles auf hoher Stufe, bis die Konsistenz flüssig und cremig ist.
3. Das Hirse-Mandarinen-Trinkmüsli in das große Glas oder einen Shaker geben und in 15–20 Min. trinken. Als U15-Spieler reicht dir vielleicht auch etwas weniger als das ganze Glas.

- Sehr kohlenhydratreiches Frühstück!
- Super leicht verdaulich!
- Super für alle, die bei Anpfiff um 9 Uhr morgens nichts Festes runterbringen!
- Auch gut für die Kohlenhydratzufuhr in der letzten Stunde vor einem Nachmittagsspiel!

Nutri-Facts:
(Portion = 420 g)

Energie (kcal): **510**
KH (g): **95**
Eiweiß (g): **15**
Fett (g): **5**
BS (g): **7**

EINSATZZEIT 30 Min.

SPAGHETTI POMODORO

ZUTATEN FÜR
1 Portion:

100 g stückige Tomaten aus der Dose oder dem Glas

1 EL Olivenöl

Dosier-Alarm: Bitte wirklich mit dem Esslöffel abmessen, nicht einfach aus der Flasche in den Topf geben!

½ TL Oregano

Salz, Pfeffer

1 l Wasser

120 g Spaghetti

1–2 EL Parmesan

Dosier-Alarm: Bitte wirklich mit dem Esslöffel abmessen, nicht einfach aus der Tüte über den Teller geben!

1 TL frische Kräuter nach Wahl

AUSRÜSTUNG

2 Töpfe, klein
1 Sieb, mittelgroß
1 Kochlöffel
1 Teller, tief

1. Die Tomaten mit dem Olivenöl, dem Oregano, etwas Salz und Pfeffer in einem der kleinen Töpfe aufkochen lassen. Dann die Hitze reduzieren und sanft köcheln lassen. Dabei gelegentlich umrühren.

2. Den zweiten Topf mit dem Wasser füllen, eine kräftige Prise Salz hinzufügen und das Wasser aufkochen lassen. Die Spaghetti hineingeben und bei mittlerer Hitze weiterköcheln lassen, bis die auf der Verpackung angegebene Garzeit erreicht ist und die Nudeln bissfest sind. Dabei gelegentlich umrühren, damit die Spaghetti nicht verkleben.

3. Gieße die Spaghetti in dein Sieb ab und schrecke sie mit kaltem Wasser ab, bevor du sie zur Tomatensoße gibst und gut unterhebst.

4. Die Spaghetti in den tiefen Teller geben und mit dem Parmesan und den frischen Kräutern bestreuen. Wähle die Portionsgröße nach deinem Bauchgefühl (s. S. 106).

Nutri-Facts:
(Portion = 420 g)

Energie (kcal): **580**
KH (g): **90**
Eiweiß (g): **20**
Fett (g): **15**
BS (g): **7**

- Kohlenhydratreiches Mittagessen!
- Leicht verdaulich (da wenig Soße und Käse)!
- Super als letzte große Mahlzeit vor dem Spiel!
- Ideal vor Nachmittagsspielen mit Anpfiff gegen 15 Uhr!
- Bei Anpfiff mittags 2–2,5 Std. vorher essen!

EINSATZZEIT 15 Min.

ZUCCHINI-TOMATEN-REISPFANNE

ZUTATEN FÜR

1 Portion:

1 Tomate

¼–½ mittelgroße Zucchini

1 El Olivenöl

Dosier-Alarm: Bitte wirklich mit dem Esslöffel abmessen, nicht einfach aus der Flasche in den Topf geben!

Salz, Pfeffer

250 g Express-Reis

Es muss kein Vollkornreis sein, „normaler" weißer Reis ist super!

1 EL frische Kräuter nach Wahl

AUSRÜSTUNG

1 Küchenmesser + Schneidebrett
1 beschichtete Pfanne, mittelgroß
1 Kochlöffel
1 Teller, tief

1. Die Tomate waschen, den Strunk entfernen und die Tomate in ca. 2 cm große Würfel schneiden. Die halbe Zucchini waschen, längs halbieren und in feine Scheiben schneiden.

2. Pinsele die beschichtete Pfanne mit dem Olivenöl ein und erhitze sie stark. Gib die Tomatenwürfel und Zucchinischeiben hinein, würze sie kräftig mit Salz und Pfeffer und brate sie 1 Min. an. Den Express-Reis dazugeben und unterheben. Noch einmal mit Salz und Pfeffer sowie mit den frischen Kräutern abschmecken.

3. Gib den Gemüsereis auf deinen tiefen Teller. Wähle die Portionsgröße nach deinem Bauchgefühl (s. S. 106).

- Kohlenhydratreiches Mittagessen!
- Ballaststoffarm!
- Leicht verdaulich (da wenig Gemüse)!
- Geht so schnell und easy, dass du dir das vor dem Spiel locker selber zubereiten kannst!
- Ideal vor Nachmittagsspielen mit Anpfiff gegen 15 Uhr!
- Bei Anpfiff mittags 2–2,5 Std. vorher essen!

Nutri-Facts:
(Portion = 375 g)

Energie (kcal):	**420**
KH (g):	**70**
Eiweiß (g):	**5**
Fett (g):	**10**
BS (g):	**3**

EINSATZZEIT 20 Min.

ZUTATEN FÜR

1 Portion:

80 ml Wasser

4 EL Hirseflocken

6 Blatt frischen Basilikum

2 EL Frischkäse

2 EL Erdbeermus oder reiner Erdbeer-Fruchtaufstrich

1–2 EL getrocknete Erdbeeren

Trockenerdbeeren findest du im gut sortierten Bio-Supermarkt.

1 TL Honig

1 großer Fertig-Wrap (ca. 60 g)

AUSRÜSTUNG

1 Schüssel, mittelgroß
1 Kochlöffel
1 beschichtete Pfanne, groß
1 Bogen Backpapier oder
1 Stück Frischhaltefolie

WRAP MIT ERDBEEREN UND BASILIKUM

1. Das Wasser aufkochen lassen und über die Hirseflocken gießen. Umrühren und 1 Min. quellen lassen.

2. Die Basilikumblätter waschen und fein hacken.

3. Den Frischkäse, das Erdbeermus und die getrockneten Erdbeeren unter die Hirseflocken heben, bis die Konsistenz cremig ist. Das Basilikum dazugeben, bei Bedarf mit dem Honig nachsüßen.

4. Die beschichtete Pfanne auf mittlere Temperatur bringen. Die Wraps darin von jeder Seite ca. 30 Sek. bzw. solange, wie auf der Verpackung angegeben ist, erhitzen.

5. Nun bestreichst du den Wrap mit der Hirsemasse. Lasse dabei unten ca. 5 cm Rand, damit du ihn später gut umknicken kannst.

6. Die untere Hälfte nach oben umklappen und den Wrap fest einrollen, dann in einen Bogen Backpapier oder ein Stück Frischhaltefolie einwickeln, damit nichts heraustropft und er nicht auseinanderfallen kann. Wähle die Portionsgröße nach deinem Bauchgefühl (s. S. 106).

- Kohlenhydratreiche To-go-Mahlzeit!
- Ballaststoffarm!
- Leicht verdaulich!
- Super als letzte große Mahlzeit vor dem Spiel (ca. 2 Std. vorher), wenn du wegen längerer Anreise unterwegs essen musst! (Weitere Mitnahme-Essen für lange Anfahrten zum Spiel: S. 74, 156 oder 160)!

Nutri-Facts:

(Portion = 300 g)

Energie (kcal):	**620**
KH (g):	**100**
Eiweiß (g):	**15**
Fett (g):	**15**
BS (g):	**5**

Nutri-Facts:

(Portion = 300 g)

Energie (kcal):	**540**
KH (g):	**75**
Eiweiß (g):	**25**
Fett (g):	**15**
BS (g):	**4**

SCHINKEN-KÄSE-WRAP

1. Das Wasser aufkochen und über die Hirseflocken in der Schüssel gießen. Umrühren und 1 Min. quellen lassen.

2. Den körnigen Frischkäse, das Tomatenmark und den Oregano unter die Hirseflocken rühren, bis die Konsistenz cremig ist. Mit Salz und Pfeffer abschmecken.

3. Den Schnittkäse und den Schinken in kleine Würfel schneiden.

4. Die beschichtete Pfanne auf mittlere Temperatur bringen. Den Wrap darin von jeder Seite ca. 30 Sek. bzw. solange, wie auf der Verpackung angegeben ist, erhitzen.

5. Nun bestreichst du den Wrap mit der Hirse-Frischkäse-Masse. Lasse dabei unten ca. 5 cm Rand, damit du ihn später gut umknicken kannst. Die Käse- und Schinkenwürfel darüber streuen.

6. Die untere Hälfte nach oben umklappen und den Wrap fest einrollen, dann in einen Bogen Backpapier oder ein Stück Frischhaltefolie einwickeln, damit nichts heraustropft und er nicht auseinanderfallen kann.

- Kohlenhydratreich mit guter Eiweißmenge!
- Ballaststoffarm!
- Leicht verdaulich!
- Tolles Mitnahme-Essen für direkt nach dem Spiel, etwa auf der Heimfahrt, wenn du am nächsten Tag wieder ein Spiel hast (2 Std. später zuhause dann die nächste kohlenyhdratreiche Mahlzeit verspeisen!)!

ZUTATEN FÜR

1 Portion:

100 ml Wasser

6 EL Hirseflocken

1 EL körniger Frischkäse (Halbfettstufe / mind. 20% i.d.Tr.)

2 TL Tomatenmark

½ TL Oregano

Salz, Pfeffer

1 Scheibe Schnittkäse (ca. 20 g)

Dosier-Alarm: Bitte wirklich nur eine kleine Scheibe nehmen, nicht mehr!

1 Scheibe Hähnchenbrustschinken (ca. 20 g)

Dosier-Alarm: Bitte wirklich nur eine kleine Scheibe nehmen, nicht mehr!

1 großer Fertig-Wrap (ca. 60 g)

AUSRÜSTUNG

1 Schüssel, mittelgroß
1 Esslöffel
1 Küchenmesser + Schneidebrett
1 beschichtete Pfanne, groß
1 Bogen Backpapier oder 1 Stück Frischhaltefolie

Zucker: Freund oder Feind?

Für dich als Sportler ist Zucker beides:

- Er ist dein Freund, weil er eine der kompaktesten Kohlenhydratquellen ist, die es gibt. Jedes Körnchen ist pure Kohlenhydratenergie. Zuckerreiche Lebensmittel und Getränke sind daher perfekt für den Kohlenhydratnachschub in der Halbzeitpause.

- Er ist dein Feind, weil er alle Lebensmittel und Getränke in Kalorienbomben verwandelt, ohne dass die Portions- oder Trinkmenge spürbar größer wird. Du merkst daher gar nicht, dass du mehr Energie aufnimmst. Zusammen mit der schlechten Sättigung von Zucker erhöht eine Ernährung mit vielen zuckerreichen Lebensmitteln und Getränken daher das Risiko von Übergewicht. Das gilt auch für dich als Fußballspieler.

Und was heißt das jetzt?

Außerhalb des Trainings...

... Finger weg von zuckerreichen Lebensmitteln und Getränken. Behandle Zucker einfach wie ein Gewürz. Wähle bei deinen Hauptmahlzeiten naturbelassene Lebensmittel wie Naturjoghurt, Skyr oder Quark natur, Getreideflocken und zuckerarme Müslimischungen (siehe S. 12) und schmecke diese mit Zucker selber ab. Und trinke generell im Alltag ungesüßt: Wasser oder Tee pur.

Kurz vor dem Spiel, in der Halbzeitpause, an einem Carboloading-Tag (s. S. 128) oder auch in einem Trainingscamp, wenn du zweimal am Tag trainierst ...

... können dir zuckerreiche Lebensmittel und Getränke helfen, die empfohlenen Kohlenhydratmengen für Topleistungen zu erreichen, ohne dass du mit Riesenportionen und einem übervollen Magen kämpfen musst.

Zucker

Positiv:

- Viele KH aus super wenig Menge
- Kein „Schnick-Schnack“ dabei, der den Magen und Darm belastet
- Schnell im Blut und damit für den Körper verfügbar

Fazit: Top für die KH-Zufuhr in intensiven Trainings und im Spiel

Fakten:

- Rein pflanzlich (aus der Zuckerrübe gewonnen)
- 99,8 % reine Kohlenhydrate
- 0 g Eiweiß
- 0 Vitamine und Ballaststoffe
- Spuren von Calcium, Eisen, Zink & Magnesium

Negativ:

- Macht Lebensmittel unbemerkt zu Kalorienbomben
- Sättigt nicht und kann hungrig machen
- Verleitet zum Mehressen
- Null-Nummer beim Nährstoffpaket

Fazit: Außerhalb des Trainings und Spiels so wenig wie möglich

Spielpausen clever nutzen für die Kohlenhydratzufuhr

90 Minuten sind lang und anstrengend. Klar wird man zum Ende hin müde. Geschicklichkeit, Dribbling, Passgenauigkeit und die Bereitschaft, mit hohem Speed zu laufen, lassen nach. Deshalb passieren im letzten Spielviertel auch die meisten Fehler und es fallen die meisten Tore. Durch Ernährung kann man die Müdigkeit natürlich nicht vollkommen verhindern. Aber Studien zeigen, dass sich durch eine Kohlenhydrataufnahme während des Spiels der Leistungsabfall zum Spielende hin abmildern lässt.

Wie kann ich während eines Spiels Kohlenhydrate aufnehmen?

- ***Direkt vor dem Anpfiff (also nach dem Aufwärmen) und in der Halbzeitpause.*** Diese Kohlenhydratpakete nimmst du so in deinem Magen mit aufs Feld. Über deinen Magen gelangen sie während des Spiels in dein Blut und stehen für deine Muskeln und Gehirnzellen zur Verfügung.
- ***Flüssig oder*** mit einer Kombination aus einem kohlenhydrathaltigen Getränk und fester Nahrung.

Aber ist das nicht schlecht für den Blutzuckerspiegel? – In dieser speziellen Situation nicht: Durch das Aufwärmen und die Aufregung ist dein Körper schon im Energieverbrauchsmodus. Dadurch kommt es nicht zu einer hohen Insulinausschüttung, wie es der Fall ist, wenn du diese Mengen an leicht verdaulichen Kohlenhydraten in Ruhe aufnimmst.

Und vertrage ich das? – Bestimmt. Du musst dir aber Zeit nehmen auszuprobieren, welche Kombination für dich am besten geht. Teste das daher

- zuerst in intensiven Trainingseinheiten
- und dann in Freundschaftsspielen.

Spätestens in der U19 solltest du eine perfekte Mischung gefunden haben, die du bei jedem wichtigen Spiel dabei hast und einsetzt.

So könntest du experimentieren:

für U15-Spieler

Lebensmittel	KH-Gehalt
FLÜSSIGES	
• 300 ml Orangensaftschorle, 1:1 gemischt	ca. 15 g
• 125ml Babysaft aus säurearmen Obstsorten mit 3 EL Schmelzflocken – wenn dir das zu dick ist, verdünne es mit etwas Wasser!	ca. 25 g
FESTES	
• ¼ Banane	ca. 5 g
• Fruchtmus im Quetschbeutel – findest du im Supermarkt bei der Kinder- und Babynahrung	10–20 g
• ½ Müsliriegel (ohne Nüsse)	ca. 10 g
• ¼ Stück Bananenbrot oder Zitronenkuchen (S. 156 oder 160)	ca. 10 g
• ½ Muffin (S. 162 oder 164)	ca. 15 g

Stelle dir aus diesen Optionen je eine Portion mit 20–25 g KH für vor dem Spiel und für die Halbzeitpause zusammen, z.B.

- Orangensaftschorle + 1 Stück Bananenbrot = ca. 25 g KH
- 2 x Fruchtmus im Quetschbeutel = ca. 25 g KH
- 1 x Schmelzflockenshake = ca. 25 g KH

für U17- und U19-Spieler

Lebensmittel	KH-Gehalt
FLÜSSIGES	
• 300 ml Orangensaftschorle, 1:1 gemischt	ca. 15 g
• 125 ml Babysaft mit 3 EL Schmelzflocken – wenn dir das zu dick ist, verdünne es mit etwas Wasser!	ca. 25 g
• Hydrogel (ohne Fruktose und Koffein) in 100 ml Wasser – Achtung: Hydrogel ist ein Nahrungsergänzungsmittel und kann zu einem positiven Dopingtest führen (s. S. 176)!	ca. 25 g
• 250 ml isotonisches Sportgetränk (ohne Fruktose und Koffein), angemischt nach Packungsangaben – Achtung: Isotonische Sportgetränke sind Nahrungsergänzungsmittel und können zu einem positiven Dopingtest führen (s. S. 176)!	ca. 15 g
FESTES	
• ¼ Banane	ca. 5 g
• Fruchtmus im Quetschbeutel – findest du im Supermarkt bei der Kinder- und Babynahrung	10–20 g
• ½ Müsliriegel	ca. 10 g
• ¼ Stück Bananenbrot oder Zitronenkuchen (S. 156 oder 160)	ca. 10 g
• ½ Muffin (S. 162 oder 164)	ca. 15 g
• ¼ kohlenhydratreicher Energieriegel – Achtung: Energieriegel sind Nahrungsergänzungsmittel und können zu einem positiven Dopingtest führen (s. S. 176)!	ca. 10 g

Stelle dir aus diesen Optionen je eine Portion mit 30–60 g KH für vor dem Spiel und für die Halbzeitpause zusammen, z.B.

- 250 ml Isotonisches Getränk + ½ Muffin = ca. 30 g KH
- 1 Hydrogel + 1 Fruchtmus = ca. 35 g KH
- 300 ml Orangensaftschorle + 1 Hydrogel (ohne 100 ml Wasser) = 40 g KH

EINSATZZEIT 1:20 Std.

ZUTATEN FÜR

1 Kasten-Backform

(25 cm × 11 cm)

2–3 EL Kokosöl + etwas für die Kastenform

Dosier-Alarm: Bitte wirklich mit dem Esslöffel abmessen, nicht einfach so in den Topf geben!

4 Bananen, sehr reif

1 Vanilleschote

2 Eier, Gr. M

110 g Zucker

1 TL Zimt

Salz

200 g Mehl

3 TL Backpulver

AUSRÜSTUNG

1 Topf, klein
1 Gabel
1 Küchenmesser + Schneidebrett
1 Rührschüssel
1 Handrührgerät mit Rühr-Aufsatz
1 feines Sieb, mittelgroß
1 Kasten-Backform, 25 cm × 11 cm
1 Backpinsel
1 Teigschaber
1 Backblech
1 Holz-Schaschlikspieß
1 Plastikdose, groß

KABINEN-SNACK: BANANENBROT

1. Heize den Backofen auf 180 °C (Ober-/Unterhitze) vor.

2. Das Kokosöl im Topf schwach erhitzen, bis es flüssig ist. Vom Herd nehmen und abkühlen lassen.

3. Die Bananen schälen, drei davon mit der Gabel zerdrücken und in die Rührschüssel geben. Die Vanilleschote längs aufschneiden und sorgfältig das Mark herauskratzen.

4. Die Eier in die Rührschüssel schlagen, das Kokosöl, den Zucker, das Vanillemark, den Zimt und eine Prise Salz hinzugeben und alles mit dem Handrührgerät verrühren.

5. Das Mehl mit dem Backpulver auf die Bananen-Eier-Masse sieben und zum Unterheben ca. 20 Sek. weiterrühren.

6. Pinsele die Kastenform dünn mit wenig Kokosöl ein. Verteile den Teig mit dem Teigschaber gleichmäßig in der Form. Die übrige Banane längs halbieren und wie ein S vorsichtig auf die Teigoberfläche legen.

7. Die Kastenform auf das Backblech stellen und im Ofen auf der mittleren Schiene 50 Min. backen. Bevor du das Bananenbrot aus dem Ofen nimmst, stich zur Probe in der Mitte mit dem Schaschlikspieß ein: Wenn am Stäbchen Teig kleben bleibt, muss es noch ein paar Minuten länger gebacken werden.

8. Das Bananenbrot noch 10 Min. abkühlen lassen, erst dann aus der Form nehmen.

9. Das Bananenbrot in die große Plastikdose legen und ein Messer mit einpacken, damit ihr es in der Kabine aufschneiden und verspeisen könnt.

- Kohlenhydratreicher Kabinen-Snack (etwa so viele KH wie zwei Bananen oder drei Müsliriegel)!
- Sehr fettarm!
- Sehr ballaststoffarm!
- Leicht verdaulich!
- Super zum Snacken beim Umziehen, Aufwärmen und kurz vor dem Spiel!
- Toller Mitnahme-Snack auch für eine lange Anfahrt zum Training oder z.B., wenn du Nachmittagsunterricht hast und direkt von der Schule ins Training gehst (gerne in Kombination mit einer Handvoll Weintrauben ohne Kerne oder einer Mandarine)!

Nutri-Facts:

(bei 8 Stücken ges. 1 Stück = 135 g)

Energie (kcal):	**260**
KH (g):	**45**
Eiweiß (g):	**5**
Fett (g):	**7**
BS (g):	**2**

EINSATZZEIT 35 Min.

KABINEN-SNACK:
MILCHREIS IM GLAS

1. Den Hafer-Drink mit dem Wasser, dem Zucker, dem Zimt und ganz wenig Salz im Topf vermengen und aufkochen lassen. Den Milchreis dazugeben, erneut aufkochen und 5 Min. weiterkochen lassen, dabei stetig umrühren.
2. Die Hitze reduzieren und den Milchreis etwa 20 Min. weitergaren. Immer wieder umrühren, damit nichts anbrennt, und bei Bedarf etwas Wasser nachgießen.
3. Wenn der Reis gar ist, vom Herd nehmen und bei Bedarf mit etwas Zucker nachsüßen.
4. Den Milchreis in das Gläschen abfüllen und das Apfel-Aprikosen-Mus darüber verteilen.

ZUTATEN FÜR
1 Portion:

160 ml Hafer-Drink

40 ml Wasser

½ TL Zucker + etwas fürs Nachsüßen

½ TL Zimt

Salz

50 g Milchreis

4 EL Apfel-Aprikosen-Mus aus dem Glas

AUSRÜSTUNG
1 Topf, klein
1 Kochlöffel
1 Glas mit Deckel, klein
(z.B. leeres Marmeladenglas)

- Kohlenhydratreicher Kabinen-Snack!
- Sehr fettarm!
- Sehr ballaststoffarm!
- Leicht verdaulich!
- Super zum Snacken beim Umziehen, Aufwärmen und kurz vor dem Spiel!
- Toll für alle, die direkt vor dem Spieltag nichts „Festes“ essen können!

Nutri-Facts:
(Portion = 335 g)

Energie (kcal):	310
KH (g):	65
Eiweiß (g):	5
Fett (g):	3
BS (g):	4

EINSATZZEIT 1 Std.

KABINEN-SNACK: ZITRONEN-KUCHEN MIT BLAUBEEREN

ZUTATEN FÜR

1 Springform

(⌀ 26 cm)

1 Bio-Zitrone

2 Handvoll frische Blaubeeren (ca. 100 g)

2 Eier, Gr. M

100 g Zucker

5 EL Pflanzenöl nach Wahl + etwas für die Springform

Dosier-Alarm: Bitte wirklich mit dem Esslöffel abmessen, nicht einfach so in die Schüssel geben!

1 TL Vanille-Aroma

Salz

260 g Mehl

2 TL Backpulver

140 ml Mineralwasser mit Kohlensäure, kalt

1 TL Puderzucker

AUSRÜSTUNG

1 Reibe, fein
1 Schüssel, klein
1 Küchenmesser + Schneidebrett
1 Zitronenpresse
1 Sieb, mittelgroß
1 Rührschüssel
1 Handrührgerät mit Rühr-Aufsatz
1 Springform, ⌀ 26 cm
1 Backpinsel
1 Teigschaber
1 Holz-Schaschlikspieß
1 Backblech
1 Plastikdose, groß

1. Heize den Backofen auf 180 °C (Ober-/Unterhitze) vor.

2. Die Zitrone gut waschen und abtrocknen. Die Schale rundherum abreiben und in der kleinen Schüssel auffangen. Dann die Zitrone halbieren und beide Hälften auspressen, die Kerne aus dem Saft entfernen. Die Blaubeeren waschen und im Sieb abtropfen lassen.

3. Die Eier in die Rührschüssel schlagen und mit dem Zucker, dem Pflanzenöl, der Zitronenschale und dem Zitronensaft, dem Vanille-Aroma und einer Prise Salz schaumig rühren.

4. Das Mehl mit dem Backpulver auf die Bananen-Eier-Masse sieben und unterheben. Das kalte Mineralwasser nach und nach mit einrühren.

5. Hebe dann noch vorsichtig die Blaubeeren unter den Teig.

6. Pinsele die Springform dünn mit wenig Pflanzenöl ein und verteile den Teig mit dem Teigschaber gleichmäßig in der Form.

7. Die Springform auf das Backblech stellen und im Ofen auf der mittleren Schiene 40 Min. backen. Bevor du den Zitronenkuchen aus dem Ofen nimmst, stich zur Probe in der Mitte mit dem Schaschlikspieß ein: Wenn am Stäbchen Teig kleben bleibt, muss er noch ein paar Minuten länger gebacken werden.

8. Den Zitronenkuchen noch 10 Min. abkühlen lassen, erst dann aus der Form nehmen und mit dem Puderzucker bestreuen.

9. Den Zitronenkuchen in die große Plastikdose legen und ein Messer mit einpacken, damit ihr ihn in der Kabine aufschneiden und verspeisen könnt.

- Kohlenhydratreicher Kabinen-Snack (etwa so viele KH wie zwei Bananen oder drei Müsliriegel)!
- Fettarm!
- Sehr ballaststoffarm!
- Leicht verdaulich!
- Super zum Snacken beim Umziehen, Aufwärmen und kurz vor dem Spiel!
- Toller Mitnahme-Snack auch für eine lange Anfahrt zum Training oder z.B., wenn du Nachmittagsunterricht hast und direkt von der Schule ins Training gehst (gerne in Kombination mit einer Handvoll Weintrauben ohne Kerne oder einer Mandarine)!

Nutri-Facts:

(bei 8 Stücken ges. 1 Stück = 105 g)

Energie (kcal):	**250**
KH (g):	**40**
Eiweiß (g):	**5**
Fett (g):	**8**
BS (g):	**2**

Nutri-Facts:

(bei 12 Muffins ges.
1 Muffin = 65 g)

Energie (kcal):	**155**
KH (g):	**25**
Eiweiß (g):	**4**
Fett (g):	**4**
BS (g):	**1**

- Kohlenhydratreicher Kabinen-Snack (etwa so viele KH wie eine Banane)!
- Fettarm!
- Sehr ballaststoffarm!
- Super zum Snacken beim Umziehen, Aufwärmen und kurz vor dem Spiel!

EINSATZZEIT 1 Std.

KABINEN-SNACK:
BUTTERMILCH-MUFFINS

ZUTATEN FÜR
12 Stück:

1 Bio-Orange
1 Ei, Gr. M
100 g Zucker
4 EL Rapsöl
Dosier-Alarm: Bitte wirklich mit dem Esslöffel abmessen, nicht einfach so in die Schüssel geben!
1 TL Orangen-Aroma
250 g Mehl
½ Pck. Backpulver
200 ml Buttermilch

AUSRÜSTUNG
1 Reibe, fein
1 Schüssel, klein
1 Küchenmesser + Schneidebrett
1 Zitronenpresse
1 feines Sieb, klein
1 Sieb, mittelgroß
1 Rührschüssel
1 Handrührgerät mit Rühr-Aufsatz
1 Muffinblech mit 12 Mulden
+ 12 Papier-Muffinformen
1 Teigschaber
1 Backblech
1 Holz-Schaschlikspieß
1 Plastikdose, groß

1. Heize den Backofen auf 180 °C (Ober-/Unterhitze) vor.

2. Die Orange gut waschen und abtrocknen. Die Schale rundherum abreiben und in der kleinen Schüssel auffangen. Dann die Orange halbieren und beide Hälften auspressen, die Kerne aus dem Saft entfernen, indem du den Saft durch das feine Sieb drückst.

3. Das Ei in die Rührschüssel schlagen und mit dem Zucker, dem Rapsöl, dem Orangensaft und dem Orangen-Aroma schaumig rühren.

4. Das Mehl mit dem Backpulver auf die Eier-Masse sieben und unterheben.

5. Rühre nun die Buttermilch nach und nach mit ein und füge zuletzt die Orangenschale hinzu.

6. Setze in die 12 Mulden des Muffinblechs je ein Papierförmchen, damit nichts anklebt. Dann den Teig gleichmäßig auf die Förmchen verteilen.

7. Das Muffinblech auf das Backblech stellen und im Ofen auf der mittleren Schiene 20 Min. backen. Bevor du die Muffins aus dem Ofen nimmst, stich zur Probe in ein paar davon mit dem Schaschlikspieß ein: Wenn am Stäbchen Teig kleben bleibt, müssen sie noch ein paar Minuten länger gebacken werden.

8. Die Muffins noch 10 Min. abkühlen lassen, erst dann aus den Formen nehmen. In die große Plastikdose setzen und mitnehmen.

EINSATZZEIT 1:15 Std.

ZUTATEN FÜR

12 Stück:

4 Äpfel, nicht sauer

½ Zitrone

80 g Zucker

2 EL Zimt

Die Äpfel kannst du super schon am Vorabend vorbereiten, wenn sie über Nacht ziehen können, schmecken sie noch besser!

400 g Fertig-Hefeteig aus dem Kühlregal

1 EL Butter + etwas zum Bestreichen der Teigrolle

AUSRÜSTUNG

1 Küchenmesser + Schneidebrett
1 Zitronenpresse
1 Schüssel, mittelgroß
1 Nudelholz
1 Topf, klein
1 Küchenmesser
1 Muffinblech mit 12 Mulden
+ 12 Papier-Muffinformen
1 Backblech
1 Holz-Schaschlikspieß
1 Plastikdose, groß

KABINEN-SNACK:
ZIMTSCHNECKEN-APFEL-MUFFINS

1. Heize den Backofen auf 180 °C (Ober-/Unterhitze) vor.

2. Die Äpfel waschen, achteln, die Kerngehäuse sauber heraustrennen und die Äpfel in feine Scheiben schneiden. Die halbe Zitrone auspressen, die Kerne aus dem Saft entfernen. Die Apfelscheiben in eine Schüssel geben, den Zitronensaft mit der Hälfte des Zuckers (40 g) und dem Zimt mischen und darüber geben. Alles gut vermengen, beiseite stellen und ziehen lassen.

3. Den Fertig-Hefeteig mit dem Nudelholz ausrollen.

4. Die Butter im Topf schwach erhitzen und schmelzen, dann zu den Äpfeln geben.

5. Die Apfelmasse sorgfältig auf dem Hefeteig verteilen. Lasse dabei rundherum ca. 2 cm Rand.

6. Den Hefeteig stramm einrollen und von allen Seiten mit etwas Butter bestreichen. Dann mit dem Küchenmesser in 12 gleichgroße Abschnitte teilen.

7. Setze in die 12 Mulden des Muffinblechs je ein Papierförmchen, damit nichts anklebt. Je einen Abschnitt in eine der Mulden legen, die Schnittflächen zeigen dabei nach oben bzw. nach unten.

8. Das Muffinblech auf das Backblech stellen und im Ofen auf mittlerer Schiene 35 Min. goldbraun backen. Bevor du die Muffins aus dem Ofen nimmst, stich zur Probe in ein paar davon mit dem Schaschlikspieß ein: Wenn am Stäbchen Teig kleben bleibt, müssen sie noch ein paar Minuten länger gebacken werden.

9. Die Muffins noch 10 Min. abkühlen lassen, erst dann aus den Formen nehmen. In die große Plastikdose setzen und mitnehmen.

- Kohlenhydratreicher Kabinen-Snack (etwa so viele KH wie eineinhalb Bananen oder zwei Müsliriegel)!
- Fettarm!
- Ballaststoffarm!
- Super zum Snacken beim Umziehen, Aufwärmen und kurz vor dem Spiel!

Nutri-Facts:

(bei 12 Muffins ges. 1 Muffin = 95 g)

Energie (kcal):	**165**
KH (g):	**30**
Eiweiß (g):	**3**
Fett (g):	**4**
BS (g):	**2**

- Kohlenhydratreicher Kabinen-Snack!
- Fettarm!
- Ballaststoffarm!
- Gut gekühlt an heißen Sommertagen super erfrischend!

Nutri-Facts:

(bei 11 Bällchen ges.
1 Bällchen = 65 g)

Energie (kcal):	**90**
KH (g):	**15**
Eiweiß (g):	**2**
Fett (g):	**2**
BS (g):	**0,5**

EINSATZZEIT 1 Std.

KABINEN-SUMMER-SNACK: REISBÄLLCHEN MIT GURKE

1. Den Apfelessig in der Schüssel mit dem Salz und dem Zucker mischen.

2. Den Reis mehrmals im feinen Sieb kalt durchspülen und im Topf mit dem Wasser aufkochen. Die Hitze reduzieren, bei aufgelegtem Deckel etwa 10 Min. köcheln lassen. Dann vom Herd nehmen und 10 Min. quellen lassen.

3. Die Essigmischung über den Reis geben, gut durchrühren und ca. 20 Min. abkühlen lassen

4. In der Zwischenzeit die Gurke waschen und in ca. 7 mm dicke Scheiben schneiden. Den Dill waschen und mit dem Messer fein hacken.

5. Die Creme fraiche mit dem Dill, dem Senf sowie einer Prise Salz und Pfeffer verrühren, kurz ziehen lassen.

6. Aus dem Reis mit den Händen elf Bällchen formen (jedes ca. 2,5 cm groß) und diese in dem schwarzen Sesam wälzen.

7. Die Creme fraiche auf die Gurkenscheiben tupfen und je ein Reisbällchen zwischen zwei Gurkenscheiben legen. ***Wenn du einen eher empfindlichen Magen hast, lass die Gurkenscheiben weg!***

8. Die Gurken-Reis-Bällchen sehr eng in die Lunchbox packen, damit sie nicht auseinanderfallen.

ZUTATEN FÜR
11 Stück:

30 ml Apfelessig

½ TL Salz

½ EL Zucker

200 g Sushi-Reis

240 ml Wasser

1 Salatgurke

2 EL frischer Dill

2–3 EL Creme fraiche

1 TL Senf

Salz, Pfeffer

2 EL schwarzer Sesam

AUSRÜSTUNG
1 Schüssel, klein
1 feines Sieb, mittelgroß
1 Topf, mittelgroß
1 Kochlöffel
1 Küchenmesser + Schneidebrett
1 Teelöffel
1 Lunchbox

Regen

eration

Was ist eigentlich Regenerieren?

Nach einem anstrengenden Training oder Spiel bist du müde und platt, hast Hunger und Durst, willst und kannst dich auch nicht mehr so gut bewegen. Wenn du dich ausgeruht, gegessen und getrunken hast, kommt die Leistungsfähigkeit aber zurück. Diesen Erholungsprozess nennt man Regeneration.

Regeneration geschieht eigentlich von allein, die Pause muss nur lang genug sein. Beim Leistungssport ist genau das ein Problem: Man hat keine Zeit für lange Pausen. Je länger die Pause zwischen den Einheiten, desto weniger oft kann man trainieren und desto langsamer geht die Leistungsentwicklung vorwärts. Und die Spieltermine im Fußball sind fix, da kann man nicht einfach länger Pause machen.

Wie wird die Pause kürzer und dennoch erholsam?

Auslaufen, Massagen und ausreichend Schlafen helfen dir, dich schneller zu erholen. Aber auch deine Ernährung kann helfen. Sie hat dabei nämlich drei große Aufgaben:

1. ***Regeneration der Kohlenhydrattanks:*** Solange die Tanks nicht wieder gut gefüllt sind, ist keine volle Leistung möglich (s. S. 14 und 126). Ihre Ladezeit hängt von der Kohlenhydratzufuhr über den Tag ab. Eine optimierte Aufnahme kann also die Erholungszeit zwischen zwei Trainings verkürzen (s. S. 18, 50.

2. ***Ausgleich der Schweißverluste:*** Durch das Schwitzen fehlen vor allem Nährstoffe in deinem Blut. Dadurch werden deine Zellen schlechter durchblutet und versorgt. Deshalb ist es wichtig, dass du nach dem Training und insgesamt über den Tag verteilt ausreichend trinkst (s. S. 174).

3. ***Reparatur und Anpassung der Muskeln:*** Die Rennerei und Sprints bringen deine Muskeln ordentlich auf Trab. Deshalb tun sie danach oft weh und können nicht mehr so richtig Kraft entwickeln. Ihre Reparatur kannst du durch eine clevere Eiweißzufuhr unterstützen (s. S. 172), aber auch mit Obst und Gemüse.

Gimme Five!

Obst und Gemüse können helfen, Muskelschäden durch das harte Ansprinten und Abstoppen beim Fußball schneller zu reparieren. Es ist daher schlau, für Regenerations-Shakes einen Teil der Kohlenhydrate über Obst hineinzubringen (s. S. 178, 179, 182 oder 184).

Man vermutet, dass die Farb-, Geruchs- und Aromastoffe, die natürlicherweise im Obst und Gemüse enthalten sind, das bewirken: Diese wirken zum Teil entzündungshemmend, antioxidativ und durchblutungsfördernd. Das scheint auch dem Muskel gut zu tun.

Nimm also die Empfehlung von 5 Portionen Obst und Gemüse pro Tag unbedingt ernst. Eine Portion entspricht dabei einer Handvoll, wenn das Obst und Gemüse am Stück ist, und zwei Handvoll, wenn es klein geschnitten ist oder kleinteilig (z.B. bei Blaubeeren).

Gibt es Alternativen zu naturbelassenem Obst?

- **Fruchtsaft: Check!**
  Aber in der normalen Trainingsroutine solltest du nicht mehr als eine Portion durch Saft ersetzen. Für Carboloading und am Spieltag kann es etwas mehr sein, wenn du es brauchst, um deine Kohlenhydrattanks aufzufüllen (s. S. 128, 130, 132).

- **Fruchtjoghurts & Co.: No!**
  Wusstest du, dass in einem 150 g-Becher Erdbeeerjoghurt noch nicht mal eine ganze Erdbeere drin ist? Und bei anderen Sorten Fruchtjoghurt sieht es nicht besser aus.

Sonstige Inhaltsstoffe:

Zitronensaftkonzentrat, Speisegelatine, Aroma, Schaummittel Stickstoff, modifizierte Stärke, Emulgator E472b, färbendes Pflanzenkonzentrat

Wie viel Eiweiß brauche ich als Fußballspieler?

Eiweiß ist in erster Linie ein Baustoff: Es wird gebraucht für den Aufbau verschiedenster Körperstrukturen, z.B. von Muskelgewebe, Enzymen, Hormonen und Immunkörpern. Als Sportler ist dein Eiweißbedarf höher als bei Nicht-Sportlern.

Pro Tag wird für dich als Jugendspieler eine Eiweißzufuhr von 1,2–1,6 g/kg Körpergewicht empfohlen. Beispiel: Du wiegst 65 kg → deine Eiweißzufuhr liegt bei 80–105 g/Tag.

Um die erforderliche Menge aufzunehmen, ist es ideal, alle drei bis fünf Stunden kleinere Eiweißmengen zu verzehren. Verteile also am besten an normalen Trainingstagen den Bedarf auf deine drei bis vier Mahlzeiten. Für unseren 65-kg-Spieler aus dem Beispiel ergibt das 20–35 g Eiweiß pro Mahlzeit.

Wichtige Eiweißträger für dich ...

... haben wir in der Tabelle rechts für dich zusammengetragen. Um 20 oder 30 g Eiweiß zu bekommen, verdoppele oder verdreifache die hier angegebenen Mengen eines Lebensmittels oder kombiniere zwei oder drei miteinander.

Aber Achtung: Wie du siehst, sind Fleisch und Fisch super eiweißreich. Schon ein halbes Schnitzel oder Fischfilet liefern 20 g Eiweiß. Du brauchst also trotz deines erhöhten Eiweißbedarfs keine zwei oder drei Schnitzel.

Eiweißzufuhr aus Lebensmitteln

	Menge, um 10 g Eiweiß aufzunehmen, in ml oder g	
Milch	300	
Naturjoghurt	250	= 2 Becher
Quark, mager oder 20 % i.d.Tr.	90	= 3–4 EL
Körniger Frischkäse	100	= ½ Becher
Schnittkäse/Hartkäse bis 45 % i.Tr.	40	= 2 Scheiben
gekochter Schinken/ Putenschinken	50	= 2–4 Scheiben
mageres Fleisch, natur	50–60	= 1/3 Schnitzel
Fischfilet	50–60	= 1/3 Filet
Hühnerei	85	= 1½ Eier
Sojadrink, Sojajoghurt	250	
Sojabohnen, gegart (Edamame)	100	= ½ Dose (abgetropft)
Tofu	90	= ca. ½ Packung
gekochte Linsen	130	

Bleib bei einem und iss dich lieber an den Nudeln, Reis, Kartoffeln und Co. sowie am Gemüse satt. So deckst du auch deinen erhöhten Kohlenhydrat-, Vitamin- und Mineralstoffbedarf.

Trotz Krafttraining kein Muskelwachstum?

Dann hat dein Körper vermutlich momentan keine ausreichenden Energiereserven, um den Muskelaufbau optimal zu unterstützen, etwa weil du gerade stark wächst.

An Eiweißmangel liegt es in der Regel nicht. Bleibe darum bei der empfohlenen Eiweißmenge und unterstütze den Körper höchstens gezielt nach dem Krafttraining mit einer Extraportion von ca. 20 g Eiweiß (z.B. mit den Rezepten auf S. 178 und 179).

Mehr Schweiß = mehr Wasser - klar, oder?

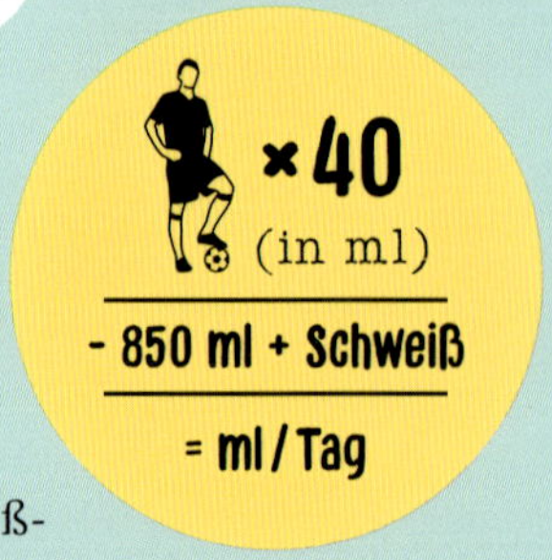

Aber wie viel trinken ist genug?

Pauschalempfehlungen bringen wenig, denn gerade der Schweißverlust ist individuell sehr unterschiedlich. Es gibt Sportler, die viel schwitzen, und welche, die bei gleicher Belastung und Außentemperatur wenig schwitzen. Am besten rechnet darum jeder seine Trinkmengen selber aus. Das ist ganz einfach in drei Schritten gemacht:

1. SCHRITT: Tagesbedarf ohne Sport berechnen

Multipliziere dein Körpergewicht mit 40. Das Ergebnis ist die benötigte Wassermenge, um die normalen Verluste über Urin und Atmung auszugleichen.

Davon ziehst du 850 ml ab – das ist die Wassermenge, die man in der Regel über Nahrungsmittel aufnimmt. Jetzt hast du deine täglich (Basis-) Trinkmenge, die allerdings die trainingsbedingten Schweißverluste noch nicht berücksichtigt.

Mit 13–18 Jahren:

40 x .... kg (dein aktuelles Körpergewicht)

= *........... ml Wasserzufuhr über Lebensmittel und Getränke/Tag*

– *850 ml* (Wasseraufnahme aus Lebensmitteln)

= *........... ml Trinkmenge/Tag ohne Sport*

2. SCHRITT: Flüssigkeitsverluste im Training errechnen

Der beim Training entstehende Schweiß verdampft oder tropft ab. Dieses Wasser ist also nach dem Training nicht mehr in deinem Körper, das Körpergewicht ist um diese Menge geringer. Daher lassen sich die trainingsbedingten Schweißverluste über die Körpergewichtskontrolle abschätzen.

Hier kommt der Rechenweg:

Gewicht vor Trainingsbeginn: .... kg

− Gewicht nach Trainingsende: .... kg

= Differenz: .... kg = Flüssigkeitsverlust in l

+ Trinkmenge im Training: l

= .... l x 1000 = ... ml

Vorher noch mal die Blase leeren! Und am besten nur in Unterhose wiegen.

Haare handtuchtrocken machen und wieder in Unterhose auf die gleiche Waage stellen.

Diese Menge musst du im Anschluss an das Training durch Trinken ersetzen.

Das kannst du anhand deiner Trinkflasche abschätzen.

Das ist die Schweißmenge, die du insgesamt im Training verloren hast.

3. SCHRITT: Deine Tages-Trinkmenge berechnen

Jetzt nur noch die Werte aus 1 und 2 zusammenzählen, und du hast deine Tagestrinkmenge errechnet:

Ergebnis aus Schritt 1:
(Trinkmenge ohne Sport)

= .... ml

+ Ergebnis aus Schritt 2:
(Schweißverlust insgesamt im Training)

= .... ml

Vergleich dieses Ergebnis mal mit deinen aktuellen Trinkmengen pro Tag. Kommt es ungefähr hin?

Mehr ist natürlich erlaubt, wenn du Durst hast. Muss aber auch nicht sein, wenn du keinen Durst hast. Auf keinen Fall solltest du dir das Wasser reinzwingen. Verlass dich auf dein Gefühl!

Nahrungsergänzungsmittel: Dos and Don'ts

Nahrungsergänzungsmittel (NEM) bergen für dich eine große Gefahr: einen positiven Dopingtest. Nährstoffkonzentrate stehen nicht auf der WADA-Verbotsliste. Sportler dürfen NEM daher grundsätzlich einsetzen. Trotzdem hat es in der Vergangenheit immer wieder positive Dopingbefunde nach einer Einnahme gegeben. Denn überraschenderweise enthalten manche NEM Substanzen, die auf der WADA-Verbotsliste stehen. Diese sind aber fast nie auf der Packung ausgewiesen.

Augen auf bei der Wahl des NEM!

Wenn du es dir gut überlegt hast und dennoch etwas einnehmen möchtest, achte darauf, dass dein Produkt aus einer Quelle mit minimalem Risiko für einen positiven Dopingbefund stammt.

Das ist der Fall, wenn du dein Produkt entweder auf der Kölner Liste *(https://www.koelnerliste.com)* oder in der Medikamentendatenbank für Sportler, NADAmed *(https://www.nada.de/medizin/nadamed)*, findest.

Auf beiden Seiten gibt es weitere Informationen zu diesem Thema.

Deshalb solltest du grundsätzlich nicht „einfach nur so" NEM einnehmen. Lass die Finger davon und bleibe cool, auch wenn du hörst ...

- ... dass andere es nehmen. Das heißt nicht, dass es auch für dich gut ist.

- ... dass es eine „sensationelle Neuentdeckung" ist. Du willst doch kein Versuchskaninchen sein, oder?

- ... dass du ein Defizit an einem Nährstoff haben könntest. Wenn du hier Sorgen hast, überprüfe deinen Versorgungsstatus besser über ein Blutbild bei deinem Haus- oder Teamarzt und mache eine Ernährungsanalyse bei einer Ernährungsfachkraft. Dann weißt du genau, was fehlt, und kannst das gezielt ergänzen.

- ... dass du damit einen Sixpack kriegst, Fett abschmelzen kannst oder weniger Schlaf brauchst. Solche Produkte sind besonders häufig mit verbotenen, gesundheitsschädlichen Substanzen versetzt.

- ... dass es sich um rein pflanzliche Mittel handelt. Auch hier zeigen Untersuchungen der Verbraucherzentralen, dass sie verbotene Substanzen enthalten.

„Essen und Trinken kommt aus deiner Hand. Hier entscheidest du, was passiert. Nicht der Trainer, der Lehrer oder die Eltern. Deshalb: Nimm es in deine Hand und hol' für dich das Beste raus."

EINSATZZEIT 15 Min.

EIWEISS-SHAKE MIT ANANAS UND MANGO

ZUTATEN FÜR

1 Portion:

1 Scheibe frische Ananas, 2–3 cm dick, am besten „extra sweet“ (ca. 80 g)

¼ Mango, reif (ca. 90 g)

3 EL Sojaflocken, entölt (ca. 30 g)

300 ml Soja-Drink

Nimm hier wirklich Sojaprodukte, keine anderen Alternativen. Sonst ist es kein Eiweiß-Shake (s. S. 38).

1 EL Zitronengraspulver

AUSRÜSTUNG

1 Küchenmesser + Schneidebrett
1 Esslöffel
1 Standmixer oder Handmixer
1 Glas, groß

Nutri-Facts:

(Portion = 500 g)

Energie (kcal):	**330**
KH (g):	**25**
Eiweiß (g):	**30**
Fett (g):	**10**
BS (g):	**10**

1. Falls noch vorhanden, den Strunk von der Ananasscheibe entfernen, die Ananas schälen und das Innere in ca. 2 cm große Würfel schneiden. Das Stück Mango schälen und das Innere ebenfalls in ca. 2 cm große Würfel schneiden.

2. Gib die Ananas- und Mangowürfel mit den Sojaflocken, dem Soja-Drink und dem Zitronengraspulver in den Standmixer und mixe alles auf hoher Stufe, bis die Konsistenz flüssig ist.

3. Den Eiweiß-Shake in das große Glas oder einen Shaker geben.

- Moderat in den Kohlenhydraten mit guter Eiweißmenge!
- Super veganer Eiweiß-Shake nach dem Krafttraining!
- Geht so schnell und easy, dass du dir das nach dem Training locker selber mixen kannst!

Einsatzzeit 10 Min.

EIWEISS-SHAKE MIT BROMBEEREN

1. Die frischen Brombeeren vorsichtig waschen.
2. Gib den griechischen Joghurt mit den Brombeeren, der Milch und dem Honig in den Standmixer und mixe alles auf hoher Stufe, bis die Konsistenz flüssig ist.
3. Den Eiweiß-Shake in das große Glas oder einen Shaker geben.

ZUTATEN FÜR

1 Portion:

2–3 Handvoll frische Brombeeren (ca. 150 g)

Wenn gerade keine Beerensaison ist, nimm einfach TK-Ware. Auch eine TK-Beerenmischung oder TK-Himbeeren sind wunderbar.

250 g griechischer Joghurt (0,2 % Fett)

Griechischer Joghurt enthält mehr Eiweiß als „normaler". Aber Achtung: Es gibt ihn auch mit 10 % Fett!

etwas Milch (1,5 % oder 3,5 % Fett)

1 EL Honig

AUSRÜSTUNG

1 Standmixer oder Handmixer
1 Esslöffel
1 Glas, groß

- Moderat in den Kohlenhydraten mit sehr guter Eiweißmenge in hoher Qualität (reich an Molkenprotein und Leucin)!
- Fettarm!
- Guter Eiweiß-Shake nach dem Krafttraining!
- Geht so schnell und easy, dass du dir das nach dem Training locker selber mixen kannst!

Nutri-Facts:

(Portion = 500 g)

Energie (kcal):	**310**
KH (g):	**35**
Eiweiß (g):	**25**
Fett (g):	**5**
BS (g):	**5**

Eiweiß-Shake
mit Brombeeren

Eiweiß-Shake mit
Ananas und Mango

Recovery-Riegel mit Datteln und Orange

Gute-Nacht-Shake mit Banane und Orange

EINSATZZEIT 15 Min.

GUTE-NACHT-SHAKE MIT BANANE UND ORANGE

ZUTATEN FÜR

1 Portion:

1 Banane, reif

1 kleine Orange

6–7 EL Magerquark (200 g)

1 EL Mandeln, gemahlen

½ TL Vanillepulver

AUSRÜSTUNG

1 Küchenmesser + Schneidebrett
1 Zitronenpresse
1 Esslöffel
1 Standmixer oder Handmixer
1 Glas, groß

1. Die Banane schälen und in grobe Scheiben schneiden. Die Orange halbieren und beide Hälften auspressen, die Kerne aus dem Saft entfernen.

2. Gib den Magerquark mit den Bananenscheiben, dem Orangensaft, den Mandeln und dem Vanillepulver in den Standmixer und mixe alles auf hoher Stufe, bis die Konsistenz flüssig ist.

3. Den Eiweiß-Shake in das große Glas oder einen Shaker geben.

Nutri-Facts:

(Portion = 420 g)

Energie (kcal):	**350**
KH (g):	**35**
Eiweiß (g):	**30**
Fett (g):	**5**
BS (g):	**5**

- Moderat in den Kohlenhydraten mit guter Eiweißmenge in hoher Qualität (reich an Casein)!
- Super Snack vor dem Schlafengehen in Muskelaufbauphasen!
- Geht so schnell und easy, dass du dir das vor dem Schlafengehen locker selber mixen kannst!

EINSATZZEIT 1 Std.

RECOVERY-RIEGEL MIT DATTELN UND ORANGE

1. Heize den Backofen auf 180 °C (Ober-/Unterhitze) vor.

2. Die Datteln entkernen und in Stückchen hacken. Die Orange gut waschen und abtrocknen. Die Schale rundherum abreiben und in der kleinen Schüssel auffangen.

3. Die beiden Haferflockensorten in die Rührschüssel geben und die Eier mit hineinschlagen. Den Magerquark, die Leinsamen, den Honig, die Dattelstückchen, die Orangenschale, den Zimt und das Vanillepulver hinzugeben und alles mit dem Handrührgerät verkneten.

4. Den Teig mit dem Teigschaber gleichmäßig etwa 1 cm dick auf das mit Backpapier ausgelegte Backblech streichen und im Ofen auf der mittleren Schiene 25 Min. goldbraun backen.

5. Aus dem Ofen nehmen und 10 Min. abkühlen lassen.

6. Schneide den Teig, solange er noch warm ist, mit dem Küchenmesser in 12 Riegel und lege diese auf deinen Gitterrost, um sie auskühlen zu lassen.

7. Gib die Riegel in eine große Dose und bewahre sie im Kühlschrank auf. Innerhalb einer Woche verzehren.

ZUTATEN FÜR

12 Riegel:

3 Datteln, getrocknet

1 Bio-Orange

150 g Haferflocken, zart

100 g Haferflocken, kernig

3 Eier, Gr. M

350 g Magerquark

3 EL Gold-Leinsamen

4 EL Honig

1 TL Zimt

1 TL Vanillepulver

AUSRÜSTUNG

1 Küchenmesser + Schneidebrett
1 Reibe, fein
1 Schüssel, klein
1 Rührschüssel, groß
1 Handrührgerät mit Knet-Aufsatz
1 Teigschaber
1 Backblech + Backpapier
1 Gitterrost
1 Plastikdose, mittelgroß

- Moderat in den Kohlenhydraten mit guter Eiweißmenge!
- Toller Mitnahme-Snack für direkt nach dem Spiel, etwa auf der Heimfahrt, wenn du am nächsten Tag wieder ein Spiel hast (dann gleich zwei Stück verputzen! S. dafür auch S. 150)!

Nutri-Facts:

(bei 12 Riegeln ges. 1 Riegel = 95 g)

Energie (kcal): **165**
KH (g): **20**
Eiweiß (g): **10**
Fett (g): **5**
BS (g): **5**

EINSATZZEIT 15 Min.

RECOVERY-SHAKE MIT ERDBEEREN

ZUTATEN FÜR

1 Portion:

½ Schale frische Erdbeeren, reif (ca. 125 g)

5 EL griechischer Joghurt (0,2 % Fett)

Griechischer Joghurt enthält mehr Eiweiß als „normaler“. Aber Achtung: Es gibt ihn auch mit 10 % Fett!

300 ml Milch

1 Messerspitze Vanillepulver

1 EL Ahornsirup

AUSRÜSTUNG

1 Küchenmesser + Schneidebrett
1 Esslöffel
1 Standmixer oder Handmixer
1 Glas, groß

1. Die Erdbeeren waschen und die Strünke entfernen, die Erdbeeren vierteln.
2. Gib den Joghurt mit den Erdbeervierteln, der Milch, dem Vanillepulver und dem Ahornsirup in den Standmixer und mixe alles auf hoher Stufe, bis die Konsistenz flüssig ist.
3. Den Eiweiß-Shake in das große Glas oder einen Shaker geben.

Dieser Shake ist besonders gut geeignet für U15-Spieler!

Nutri-Facts:

(Portion = 550 g)

Energie (kcal):	**370**
KH (g):	**40**
Eiweiß (g):	**20**
Fett (g):	**10**
BS (g):	**5**

- Kohlenhydratreicher Shake mit guter Eiweißmenge!
- Toller Mitnahme-Snack für direkt nach einem intensiven Nachmittags-/Abendtraining, etwa auf der Heimfahrt, wenn es erst in zwei Stunden wieder eine Mahlzeit gibt (dann zuhause nur noch eine Kleinigkeit futtern!)!
- Super auch als Abend-Snack für ein „Kohlenhydrat-Plus“ vor dem Schlafengehen, wenn du nachmittags Training hattest und am nächsten Morgen gleich wieder, oder an Spieltagen, wenn du direkt am nächsten Vormittag wieder ein Spiel hast!

Recovery Shake
mit Erbeeren

Recovery-Shake
mit Hafer und
Himbeeren

EINSATZZEIT 15 Min.

RECOVERY-SHAKE MIT HAFER UND HIMBEEREN

ZUTATEN FÜR
1 Portion:

1 Banane, reif

1 große Birne, reif

1 Handvoll frische Himbeeren

½ Limette

4 EL Haferflocken, kernig

100 ml Hafer-Drink

7–8 EL griechischer Joghurt (0,2% Fett)

AUSRÜSTUNG
1 Küchenmesser + Schneidebrett
1 Zitronenpresse
1 Standmixer oder Handmixer
1 Glas, groß

1. Die Banane schälen und in grobe Scheiben schneiden. Die Birne waschen, schälen, achteln, das Kerngehäuse sauber heraustrennen und das Innere in ca. 1 cm große Würfel schneiden. Die Himbeeren vorsichtig waschen. Die halbe Limette auspressen, die Kerne aus dem Saft entfernen.
2. Gib das Obst mit dem Limettensaft, den Haferflocken, dem Hafer-Drink und dem Joghurt in den Standmixer und mixe alles auf hoher Stufe, bis die Konsistenz flüssig ist.
3. Den Eiweiß-Shake in das große Glas oder einen Shaker geben.

Dieser Shake ist besonders gut geeignet für **U17**- und **U19**-Spieler!

- Kohlenhydratreicher Shake mit guter Eiweißmenge!
- Fettarm!
- Toller Mitnahme-Snack für direkt nach einem intensiven Nachmittags-/Abendtraining, etwa auf der Heimfahrt, wenn es erst in zwei Stunden wieder eine Mahlzeit gibt (dann zuhause nur noch eine Kleinigkeit futtern!)!
- Super auch als Abend-Snack für ein „Kohlenhydrat-Plus" vor dem Schlafengehen, wenn du nachmittags Training hattest und am nächsten Morgen gleich wieder, oder an Spieltagen, wenn du direkt am nächsten Vormittag wieder ein Spiel hast!

Nutri-Facts:
(Portion = 580 g)

Energie (kcal): **470**
KH (g): **75**
Eiweiß (g): **20**
Fett (g): **5**
BS (g): **15**

Auch als Fußballer „Super tanken"

Ein Gespräch mit den Profis

Welche Rolle spielt Ernährung in Deinem Leben?

NORBERT ELGERT: Wir sind ja bekanntermaßen das, was wir essen. In meinem Leben allgemein und speziell bezogen auf den Fußball hat die Ernährung schon immer eine zentrale Rolle gespielt. Für den Leistungssportler ist die Ernährung ähnlich wichtig wie Technik, Taktik, Athletik und mentale Stärke.

HANS SARPEI: Heute spielt Ernährung in meinem Leben eine große Rolle. Ich möchte wissen, woher Gemüse, Fleisch, Fisch und die anderen Produkte kommen, die ich esse. Außerdem finde ich wichtig, wie man isst und wie viel man isst. Das war ein Prozess, weil ich nicht mehr so viel Sport treibe. Viele Spieler sind es nicht gewohnt, sich selbst (gesundes) Essen zuzubereiten. Mittlerweile macht mir Kochen sogar Spaß. Und wenn es dann tatsächlich schmeckt, macht einen das auch etwas stolz.

ARNE FRIEDRICH: Ich habe meine Ernährung allgemein umgestellt zu der Zeit, als ich noch Fußballspieler war. Seitdem verzichte ich zunehmend auf Kohlenhydrate bzw. einfache Kohlenhydrate wie Pasta. Ich gönne mir diese weiterhin, allerdings in vermindertem Maße. Ich halte mich da an einen meiner Freunde, Magnus Lygdback (Personal Trainer & Nutritionist in LA), dessen Philosophie die 17/20-Regel ist: Diese beschreibt die Verpflichtung, bei 17 von 20 Mahlzeiten gesund zu essen. Bei den restlichen drei Mahlzeiten darf der Inhalt frei gewählt werden. Daran versuche ich mich zu halten, daher nehme ich vor allem Gemüse, Salat, Fisch und Hühnchen zu mir. Auch den Verzehr von rotem Fleisch versuche ich zu reduzieren, jedoch steht dies weiterhin auf meinem Speiseplan. Ab und zu gönne ich mir etwas, beispielsweise ein Dessert nach einer „sauberen" Mahlzeit. Ich trinke zudem keine Soft-Drinks, sondern eigentlich nur Wasser, und lasse manchmal das Frühstück weg.

OTTO ADDO: Ernährung spielt eine sehr wichtige Rolle, da ich als ehemaliger Spieler und jetziger Trainer weiß, wie sie deine tägliche Leistungsfähigkeit, aber auch generell deine Gesundheit beeinflusst.

MARCO HÖGER: Sehr wichtig. Vor allem im Profibereich und in der Spitze in der Bundesliga macht sie die letzten Prozentpunkte aus, und gerade im Alter, gegen Ende der Karriere, ist es wichtig, sich gut zu ernähren, um fit zu bleiben und Verletzungen vorzubeugen.

CHRISTIAN PANDER: Inzwischen spielt Ernährung eine größere Rolle in meinem Leben als während meiner Karriere. Da ich jetzt weniger Sport mache bzw. nur noch ab und zu jogge, schaue ich nun genau hin, was ich esse. Während der Karriere habe ich das weniger getan.

War Ernährung wichtig für Deine Karriere?

NORBERT: Ich hatte von Geburt an gesundheitlich nicht die besten Voraussetzungen. Ich habe aber allen ärztlichen Prognosen zum Trotz immerhin 7,5 Jahre Profifußball gespielt. Das vor allen Dingen durch die Unterstützung meiner Frau Conny, dank unserer positiven Lebenseinstellung und auch dank unserer gesunden Ernährung.

Hans Sarpei jubelt als Pokalsieger in Berlin 2011 mit dem FC Schalke 04.

Hans Sarpei (*28. Juni 1976 in Ghana) ist Trainer mit A-Lizenz. Als Spieler schaffte er 1998 bei Fortuna Köln den Sprung in den Profikader. In der ersten Bundesliga spielte er ab 2001 für den VfL Wolfsburg, weitere Stationen waren von 2007–2010 Bayer Leverkusen und von 2010–2012 FC Schalke 04, mit dem er 2011 Pokalsieger wurde. Zwischen 2000 und 2010 spielte Sarpei 36-mal in der ghanaischen Nationalmannschaft, mit der er an den Afrika-Cups 2006, 2008 und 2010 sowie an der Weltmeisterschaft 2010 in Südafrika teilnahm.

HANS: Der Fußball ist deutlich schneller und dynamischer geworden, in den letzten sechs bis sieben Jahren ist das extreme Umschaltverhalten hinzugekommen. Profi-Fußballspieler wissen längst, dass ihre Leistung und ihre Entwicklung auch von ihrer Ernährung abhängen. Der Stellenwert von gesunder Ernährung im Fußball ist in den letzten Jahren stark gestiegen. Viele essen heute streng nach Plan, um während des Trainings und am Spieltag fit und leistungsfähig zu sein. Wenn ich jetzt 20 Jahre alt wäre, würde auch ich anders auf Ernährung achten. Damals war es nicht so, da hat kein Mensch darüber gesprochen. Jetzt weiß man, dass man mit Ernährung noch den letzten Prozentpunkt herauskitzeln kann für maximale Leistung.

Heute sind die Jungs und auch die Erwachsenen athletischer. Bereits mit 16, 17 haben die irre Muskeln, und die müssen mit guter Ernährung gepflegt und gefördert werden. Einem 12- oder 13-Jährigen muss man aber erklären, warum das so ist, welche Auswirkungen Ernährung auf den Körper hat, und das ist Aufgabe der Trainer. Einfach zu sagen: „Ernährt euch gut", reicht nicht. Wichtig ist: Wie geht das? Was macht das mit dir vor, während und nach dem Spiel? Welche Kohlenhydrate kann ich beispielsweise essen vor dem Spiel, dass mein Körper unterstützt wird?

Und auch die Eltern müssen aufklären. Deshalb ist das Buch so wichtig, für die Spieler, für die Trainer und auch für die Familie, zum Nachschlagen, Selbstlernen, Weiterdenken. Im Training ist der Trainer verantwortlich, bei der Ernährung aber der Spieler selbst. Mit richtiger Ernährung kann man Spieler, die nicht darauf achten, überholen, die eigene Leistung und Schnelligkeit puschen. Talent, Einstellung, Wille und optimale körperliche Fitness, gefördert durch perfekte Ernährung, ermöglichen rasante Erfolge bei auffallend geringer Verletzungsquote.

Arne Friedrich im Trikot der Nationalmannschaft, links Toni Kroos, rechts im Hintergrund Mario Gomez und rechts außen Marcel Schmelzer.

Arne Friedrich (*29. Mai 1979 in Bad Oeynhausen) spielte als Profi bei Arminia Bielefeld, Hertha BSC, VfL Wolfsburg und beendete die Karierre 2013 in den USA bei Chicago Fire. Er ist aktuell Sportdirektor bei der Hertha. Von 2002 bis 2011 bestritt er 82 Länderspiele, sechs davon als Kapitän der Nationalmanschaft.

ARNE: Während meiner Karriere war Ernährung nicht so wichtig für mich, da ich mich mit dem Thema nicht richtig beschäftigt hatte. Ich habe das gegessen, was für die meisten Fußballspieler zu der Zeit auf dem Speiseplan stand, zum Beispiel Pasta. Mit dem heutigen Wissen über Ernährung hätte ich es definitiv anders durchgeführt.

OTTO: Ja, sehr sogar, da ich dadurch die erforderliche hohe Leistungsfähigkeit erlangt habe, um in den Spitzenfußball zu kommen. Dafür muss man (auch) physisch mehr leisten als die, die schon da sind, und das geht nur mit guter Ernährung.

MARCO: Ernährung war definitiv wichtig für meine Karriere. Zu Beginn, also in der A- und B-Jugend, habe ich mich noch nicht gut und bewusst ernährt. Dann bekam ich aber mit Eric van der Luer einen Trainer, der mich sehr gefördert und mich auch auf dieses Thema aufmerksam gemacht hat.

CHRISTIAN: Ich glaube, für meine Karriere nicht, weil ich nicht wirklich Wert darauf gelegt habe. Ich bin froh, wenn ich satt bin, aber ich esse eigentlich alles und bin da nicht anspruchsvoll. Für die Karriere wäre es auf jeden Fall gut gewesen, besser darauf zu achten.

Wer hat Dein Bewusstsein für die Ernährung gefördert bzw. gefordert? Du selbst, der Trainer, der Verein, Deine Eltern?

NORBERT: In erster Linie mein persönliches Interesse für alles, was die persönliche Leistung auf dem Platz unterstützen und verbessern kann.

HANS: Ich hatte das Glück, dass wir uns grundsätzlich sehr gut ernährt haben in unserer Familie. Es gab traditionelle ghanaische Küche mit viel Hühnchen, Fisch, Salat und Gemüse. Und ich habe auf meinen Körper gehört. Milch habe ich nicht vertragen und als Kind schon damit aufgehört, obwohl gesagt wurde, die Knochen brauchen sie. Mein Körper, meine Muskulatur waren von Natur aus schon gut gebaut für meine Karriere, ohne dass ich mir wirklich Gedanken darüber gemacht hätte. Aber um Erfolg zu haben, muss man an sich arbeiten. Es reicht nicht, einmal im Monat einen Salat zu essen, um sein Gewissen zu beruhigen.

ARNE: In erster Linie ein guter Freund, Thomas Sennewald (Osteopath), mit dem ich mich oft über Ernährung unterhalte, aber auch wie bereits erwähnt Magnus Lygdback. Ich versuche generell, mich bei diesem Thema auf dem aktuellen Stand zu halten.

MARCO: Eric van der Luer wusste, dass meine Ernährung anfangs ein wenig chaotisch war. Er hat mir dann zusammen mit Ernährungsberatern einen Ernährungsplan erstellt, an den ich mich auch akribisch gehalten habe. Ab da ging es körperlich und fußballerisch steil bergauf.

CHRISTIAN: Grundsätzlich habe ich von Zuhause ein bisschen Bewusstsein für Ernährung mitbekommen, aber da meine Eltern beide berufstätig waren, blieb dafür nicht allzu viel Zeit. Im Verein wird natürlich darauf geachtet. Rudi Assauer wollte Alexander Baumjohann und mir sogar einen Koch zur Verfügung stellen, da wir ein wenig Probleme mit dem richtigen Essen hatten.

Passten Ernährungspläne in Deinen Tagesablauf?

NORBERT: Ich hatte und habe keine festen Ernährungspläne, sondern unterscheide schon immer zwischen hilfreich und schädlich, zwischen gesund und eher ungesund.

HANS: Als Profi kannst du dein Zeitmanagement super einstellen auf die Mahlzeiten. 10 Uhr ist in der Regel erst Training, und selbst das zweite Training ist um 18 Uhr schon vorbei. Als Schüler oder Halbprofi ist das problematischer, Du musst schon um 6 oder 7 Uhr frühstücken; mittags haust du dir irgendwas rein, weil die Hausaufgaben warten oder du weiterarbeiten musst, und man isst vor allem, um satt zu werden; und das Abendessen wird oft spät, weil das Training erst um 18 oder 19 Uhr beginnt. Dann hat man keine Lust mehr, was zu kochen oder Essen zu gehen, weil man wieder früh raus muss.

ARNE: Ich habe mich damals nicht an Ernährungspläne gehalten, da ich mich erst heute richtig mit dem Thema auseinandergesetzt habe.

OTTO: In meiner Zeit gab es leider keine Ernährungspläne, aber es geht am Ende immer wieder um Disziplin, auch beim Essen. Und wenn man einen Plan hat, hilft das enorm, den Tag zu strukturieren.

MARCO: Es war immer relativ schwer, den Ernährungsplan mit meinem Alltag unter einen Hut zu bekommen: Ich ging morgens zur Schule, bin dann kurz nach Hause gekommen und musste gleich wieder los zum Fahrdienst-Treffpunkt für die Fahrt nach Aachen. Mei-

Christian Pander als Abwehrspieler bei Hannover 96.

Christian Pander (*28. August 1983 in Münster) war Profi bei Schalke 04 von 2004–2011 und bei Hannover 96 von 2011–2015. Er studierte Sportmanagement und ist als Mentaltrainer Mitbegründer der Kompass Sportmentoring GmbH.

ne Mutter hat mir sehr geholfen und mir viele Sachen vorbereitet, die ich dann mitnehmen konnte und teilweise auch im Bus gegessen habe.

CHRISTIAN: Nein, gar nicht. Ich bin fast jeden Tag viel auf der Autobahn gewesen und habe unterwegs auch mal bei Restaurants angehalten, in denen es nicht so empfehlenswerte Sachen gab. Damals war es noch anders als heute, da hatte man keine Möglichkeiten, schnell etwas Gutes zu bekommen.

Hattest Du schon mal Angst, von Verantwortlichen des Vereins bei „falschem" Essen oder in einem „falschen" Restaurant erwischt zu werden? Erzeugt diese Angst Druck?

NORBERT: Gesunde Ernährung hat viel mehr mit Überzeugung und Eigenverantwortung zu tun als mit Angst oder Druck.

HANS: Ich habe neben meiner Karriere noch eine Lehre gemacht und morgens vor dem Training zwei Stunden gearbeitet. Da hatte ich entweder gar nicht gefrühstückt oder zu früh, und am Stadion angekommen, hatte ich dann manchmal Hunger und bin nebenan in dieses Schnellrestaurant mit der gelben Schrift gegangen. Gesehen werden wollte man da natürlich nicht aber habe auch nur Eier und dazu O-Saft bestellt. Es hat mir nicht geschadet, weil es nicht tagtäglich war.

ARNE: Nein, dies habe ich überhaupt nicht verspürt.

OTTO: Nein, denn der starke Wille, es in die Bundesliga zu schaffen, hat mir geholfen, den Versuchungen zu widerstehen. Zudem waren die sozialen Medien noch nicht so mächtig und man fühlte sich daher nicht so beobachtet.

MARCO: Angst, vom Verein erwischt zu werden, hatte ich als Profi nicht. Im Grunde genommen weiß der Verein, dass wir alt genug sind und selbst entscheiden können. Und wenn du 18 Jahre alt bist, solltest du verstehen, dass du das größtenteils für dich machst, nicht für den Verein. Aber in der Jugend war es natürlich schon so, wenn wir in der Jugend an den Wochenenden bei Hallenturnieren waren. Da hat man sich dann nicht getraut, eine Cola zu bestellen: Wenn der Trainer einen dabei erwischt hat, gab es Probleme. So etwas ist gerade in den Nachwuchsleistungszentren recht häufig.

Norbert Elgert mit Leroy Sané, einem der vielen Nachwuchsspieler, die er zur Fußballstars entwickelte.

Norbert Elgert (*13. Januar 1957 in Gelsenkirchen) ist ein ehemaliger Fußballspieler und heutiger -trainer. Seit 1996 ist er in der A-Jugend des FC Schalke 04 tätig. Er gilt als „erfolgreichster Nachwuchstrainer Deutschlands".

CHRISTIAN: Ja, erwischt wurde ich häufiger. Es hatte sich in Gelsenkirchen nämlich schnell herumgesprochen, dass ich oft bei einem Pizzalieferanten meines Vertrauens angerufen und bestellt habe. Ich hatte keine Angst deswegen und habe mir dementsprechend keinen Druck gemacht, man hat aber schon darauf geachtet. Heutzutage ist unter den Profis mehr Bewusstsein vorhanden, weil man jetzt weiß, dass man über Ernährung noch ein paar Prozent mehr an Leistung herausholen kann. Dadurch halten sich auch viel mehr Jungs daran.

Hast Du bei einem Spiel mal gedacht: „Oh, Schreck, ich kann nicht mehr, weil ich zu spät/falsch gegessen habe?"

NORBERT: Mit vollem Bauch spielt es sich nicht gut. Das ist mir als Profi auch schon passiert.

HANS: Bei mir war es eher das Gegenteil. Ich war ab und an unterzuckert in der Halbzeit. Da lagen dann schon Bananen oder Riegel in der Umkleide, die ich gegessen habe, aber es dauert, bis das anschlägt. Beim Afrika Cup, bei 35 °C Hitze, habe ich Cola mit Wasser verdünnt, um an Zucker zu kommen, das hat geholfen. Grundsätzlich ist das aber nicht zu empfehlen.

ARNE: Ich habe eigentlich immer darauf geachtet, ausreichend Zeit zwischen Essen und Spiel zu lassen. Da war ich sehr diszipliniert.

MARCO: Es wurde immer drei Stunden vor dem Spiel eine Mahlzeit mit Kohlenhydraten wie Nudeln bereitgestellt, und die war dann schon recht gut verdaut, bis es losging.

CHRISTIAN: In der Tat habe ich versucht, immer die richtige Menge zu essen vor Spielen. Aber vor allem bei Champions-League-Spielen, die abends stattfinden, oder bei frühen Spielen war es schwierig, das mit Mittagessen und Zwischenmahlzeiten richtig zu timen.

Was waren Deine krassesten Ernährungssünden?

NORBERT: Zu meiner Profizeit auf Schalke gehörte das Filet-Steak (200–300 g) mit Sauce Bernaise beim Mittagessen vor dem Spiel einfach dazu. Das war zwar lecker, ergab aber rein ernährungsphysiologisch nicht allzu viel Sinn.

HANS: Krass war es mit der Nationalmannschaft von Ghana bei der WM 2010 in Südafrika. Da wurde nachts um 2 Uhr erst richtig Essen bestellt, weil die Spieler Hunger hatten. Wir saßen auf dem Flur und haben jeder ein ganzes Zuckerbrot (ein süßes Hefebrot) gegessen. Gut, dass ich immer gut verbrannt habe im Training und im Spielbetrieb – es gab auch Spieler, die bei gleichem Essen 2 Kilo mehr auf die Waage brachten. Wichtig ist, einen starken Willen und Disziplin zu haben. Es gibt immer mal jemanden, der sagt: „Komm, wir gehen noch länger aus", oder: „Lass uns noch ein Bier trinken." Da muss man entscheiden: Ist es ok für mich oder nicht. Auch einen Döner zu essen ist gar nicht so schlimm, solange man es nach dem Spiel tut. Der Zeitpunkt muss richtig sein, dann ist Sündigen auch mal ok.

ARNE: Alle paar Monate eine Currywurst oder einen Döner.

OTTO: Ich habe Gummibärchen geliebt und habe während meiner Profizeit eine Zeitlang zu viel davon gegessen.

MARCO: Beim Fahrdienst von Aachen nach Köln mit sieben, acht anderen Spielern kam es ab und zu vor, dass wir vor oder nach dem Training bei einer Fast-Food-Kette angehalten und etliche Menüs bestellt haben. Als Jugendlicher macht man sich darüber noch nicht so viele Gedanken und es macht einem vielleicht auch nicht so viel aus.

CHRISTIAN: Das waren viele… Ich habe zu viel süßes Zeug zu mir genommen, z.B. Cola getrunken, und zu viel

Fast Food gegessen. Mittlerweile habe ich das eingestellt – besser spät als nie.

Hat man die Zeit für „gutes" Essen – wenn doch meist schon das Frühstück hektisch ist – und findet man immer die richtigen Voraussetzungen in der Mensa vor gegen den schnellen Hunger?

NORBERT: Sicherlich hat man die Zeit. Man muss sie sich in unserer hektischen Welt nur nehmen und ein intelligentes Zeitmanagement finden. Wichtig ist, ohne Hektik zu essen und nicht zu schlingen. Für den schnellen Hunger empfehle ich Bananen, Äpfel oder auch mal einen guten Müsli- oder Eiweißriegel ohne Zucker.

HANS: Ich glaube, zu Hause wird gut gegessen, aber „draußen" nicht so. Wichtig ist ein Bewusstsein beim jungen Spieler selbst und in der Familie: für qualitativ hochwertiges Essen und dafür, was man vor Spielen isst, was zur Regeneration. Was kann man vorbereiten und mitnehmen, damit es optimal unterstützt und nicht nur schnell satt macht.

ARNE: Zeit für gutes Essen nehme ich mir immer. Ich gehe sehr gerne auswärts essen. Für den schnellen Hunger versuche ich, immer etwas „Healthy Food" dabeizuhaben.

MARCO: Die Zeit ist bei gutem Essen immer ein entscheidender Faktor, aber man muss sie sich nehmen. Das ist am Anfang schwer, aber wenn man sich bemüht, geht es. Dann muss man eben eine halbe Stunde früher aufstehen, um sich ein vernünftiges Frühstück zuzubereiten, als bis kurz vor knapp zu schlafen, dann nur noch 5 Minuten Zeit zu haben und sich nur schnell ein Brötchen reinschieben, bevor es zum Training geht.

CHRISTIAN: Ja, Zeitmangel sehe ich bei mir persönlich als ein Problem an. Ich hatte nie die Zeit, weil ich sie mir nicht genommen habe. Essen war mir einfach nicht wichtig. Ich könnte rein theoretisch jeden Tag das Gleiche essen zum Frühstück: einen Toast mit Käse und ein Müsli. Damit wäre ich zufrieden. Aber ich glaube nicht, dass das ausgewogen ist. Ich denke, dass die Situation etwas besser geworden ist, man heute ein viel breiteres Angebot für den schnellen Hunger findet und man nun auch in diesen Fällen etwas Gesundes zu sich nehmen kann. Früher war es eben der Schokoriegel von der Tankstelle.

Welche „Sünden" verbocken die Vereine? Z.B. Buffets in Hotels, mangelnde Organisation von rechtzeitig verfügbaren Snacks oder Mahlzeiten vor den Spielen und in den Pausen, schlecht ausgestattete Mensen in Trainingslagern, fehlende Zutaten, schlechte Vorbereitung bei Auswärtsspielen?

NORBERT: Meine persönlichen Erfahrungen in den letzten Jahren waren und sind da eher positiv. Zum Beispiel mit unserem Sommer-Trainingslager mit der U19 im Hotel Weißenburg in Billerbeck, denn dort ist das Essen nicht nur für Leistungssportler nahezu perfekt. Und Buffets in anderen Hotels werden abgesprochen und sind in der Regel absolut zufriedenstellend.

HANS: Man hat schon erkannt, dass nicht nur in Nudeln Kohlenhydrate sind. Die Buffets werden von den Verantwortlichen des Vereins bestellt, da gibt es eine gewisse Auswahl, die auch passend ist.

ARNE: Wir im Verein sind da sehr professionell aufgestellt. Für Otto Normalverbraucher ist es wichtig, den Tag vorauszuplanen, sodass man immer etwas Gesundes griffbereit hat. Dann kommt man gut klar.

MARCO: Die Vereine haben alle Möglichkeiten, bei den Trainingseinheiten gut und vielfältig zu kochen. Das wäre meines Erachtens ein Ansatzpunkt, an dem nachgelegt werden könnte, in Bezug auf Köche und Menüs.

CHRISTIAN: Man versucht immer mehr, den Spielern die Sünden auszutreiben durch reichhaltige Buffets mit ausgewogenem Essen. Das ist echt besser geworden.

Der Vize mit dem ehemaligen Chef: FC-Liverpool-Coach Jürgen Klopp mit Dortmunds Trainer Otto Addo.

Otto Addo (*9. Juni 1975 in Hamburg) ist seit 2020 Co-Trainer bei Borussia Dortmund, wo er auch von 1999 bis 2005 als Profi spielte. Weitere Stationen waren vorher Hannover 96 und hinterher Mainz 05 sowie der Hamburger SV. Von 1999–2006 hatte er 15 Einsätze für die ghanaische Nationalmannschaft.

Wird in den Vereinen richtig, ausführlich und transparent informiert?

NORBERT: Das schon, aber es hapert häufig noch an der verantwortungsbewussten Umsetzung

HANS: Wir fingen 2010 bei Leverkusen an zusammen zu frühstücken um 8 Uhr vor dem Training. Einfach um zu schauen, was jeder so isst, manche hatten vorher gar nicht gefrühstückt. Bei Schalke ging es dann noch einen Schritt weiter in die richtige Richtung mit einem eigenen Koch. In Leipzig z.B. werden heute in engster Kooperation mit dem Management sowohl die Spieler als auch das Betreuerteam mit personalisierten Ernährungsplänen fitter und leistungsfähiger gemacht. So wird jedes einzelne Mitglied der Mannschaft und des Teams für die angestrebten Top-Leistungen vorbereitet. Sie bieten Kochschulungen an für die ganze Familie, damit auch die Partnerinnen und Eltern wissen, was gut ist.

Wie bei anderen Trends wird teilweise dann auch bei der Ernährungskontrolle übertrieben aber es ist wichtig. Ich hätte gern mehr Aufklärung gehabt, also mehr als diese eine Stunde zum Saisonbeginn. Wie der Trainer, der dich besser macht, ist ein guter Ernährungsberater wichtig, der alles erklärt, neue Erkenntnisse kennt und mit dir teilt. Jemand, der erkennt, warum du jetzt gerade krank oder verletzt bist. Auch in der höchsten oder zweithöchsten Spielklasse ist der Verbesserungsbedarf in Sachen Ernährung bei einigen Vereinen noch hoch. Vereine wie Liverpool, Bayern, Leipzig oder PSG haben da die Nase vorn.

ARNE: Aus meiner Sicht ja. Bei Hertha versuchen wir auf jeden Fall immer, uns da auf den aktuellen Stand zu bringen.

OTTO: Definitiv. Heutzutage wird in den Bundesligavereinen von der Jugend bis zu den Profis sehr auf Ernährung geachtet und viel aufgeklärt.

MARCO: Teilweise schon. Es ist leider noch nicht so, dass in allen Vereinen wirklich jemand kommt, der Ernährungsberater ist und den Spielern auch individuell erklärt, was gut und was schlecht für sie ist.

CHRISTIAN: Zu meiner aktiven Zeit hat man keine Informationen über Ernährung an die Hand bekommen. Mittlerweile gibt es sehr viele Studien, etwa in Bezug auf Fleischkonsum und Milchprodukte. Vielleicht war ich damals dafür nicht richtig offen, das muss ich auch zugeben, aber ich glaube, dass die Vereine da mehr machen können.

Ein Ex-Kölner Spieler trifft auf einen späteren Kölner Akteur: Marco Höger im Dress von Schalke 04 gegen Lukas Podolski in Diensten vom FC Arsenal.

Marco Höger (*16. September 1989 in Köln) ist seit 2016 beim 1. FC Köln unter Vertrag. Davor spielte er von 2009–2011 als Profi bei Alemannia Aachen und von 2011–2016 bei Schalke 04.

Verbreiten die verschiedenen Ernährungsphilosophen und Fitness-Docs mit ihren Empfehlungen und Ernährungsplänen Unsicherheit und Durcheinander?

NORBERT: Zu viele Köche verderben bekanntermaßen den Brei – und das Gehirn. Es ist schon wichtig, sich von Experten beraten und unterstützen zu lassen, aber jeder mündige Athlet sollte sich intensiv mit gesunder Ernährung auseinandersetzen, vielleicht auch mal selbst bei einem Kochkurs mitmachen.

HANS: Schwierig und belastend ist das für die junge Generation, die 12- bis 18-Jährigen: Was ist richtig, was nicht? Es gibt zu viel Input durch das Internet und verschiedene Bücher, und jeder empfiehlt etwas anderes. Der Körper wächst und alle erzählen von mehr Leistung, aber keiner sagt, wie man diese erlangt. Das verunsichert sehr. Und der Druck im Profisport ist mitunter extrem, da ist es gut, verlässliche Partner bzw. Wegbegleiter zu haben.

ARNE: Ich glaube schon, dass es nicht einfach ist, weil immer wieder neue Theorien auf dem Prüfstand stehen und immer wieder neue Hypothesen als falsch dargestellt werden. Und es ändern sich auch viele Sachverhalte. Ich glaube, es ist ganz wichtig, wie man sich selber dabei fühlt. Es ist für mich etwa sehr wichtig, nicht zu spät zu Abend zu essen, bevor ich ins Bett gehe. Das habe ich irgendwann umgestellt, und dadurch schlafe ich viel besser. Man sollte zudem nicht zu viel essen und abwechslungsreich. Wenn man dies einhält, ist man meiner Meinung nach ganz gut bedient.

MARCO: Man sollte sich einen Ernährungsberater seines Vertrauens suchen, jemanden, den man kennt oder mit dem andere gute Erfahrungen gemacht haben. Es gibt viele Berater, die unterschiedliche Sachen erzählen und nicht selten auch versuchen, einfach schnelles Geld zu verdienen.

CHRISTIAN: Ich finde es gut, wenn man beide Seiten beleuchtet, z.B. bei der Entscheidung Fleisch ja oder nein, und für sich einen Mittelweg findet. Man sollte sagen können: Damit fühle ich mich wohl und fit, das schmeckt mir, damit kann ich gut leben. Ob das nun Fleisch ist oder ein Glas Milch oder etwas Anderes, was augenscheinlich vielleicht nicht „das Beste" ist, muss jeder selbst entscheiden. Wenn das jemand nicht kann, kann natürlich Unsicherheit entstehen, weil man aufgrund der Masse an Informationen eher den Durchblick verliert.

Verliert man die Lust am Essen bei extremen Ernährungsformen?

HANS: „Nicht reinsteigern" ist meine Devise. Wenn du die Lust am Essen verlierst, verlierst du auch die Lust am Sport. Das Ganze muss stimmen, es muss schmecken und es darf nicht immer nur um „höher, schneller, weiter" gehen, um Diäten für das Zu- oder Abnehmen und um Leistungssteigerung. So machen es Bodybuilder, die auf das Gramm genau auf eine Show hinarbeiten. Egal was Trainer oder Ernährungsberater sagen, am Ende muss es dir schmecken, sonst zieht es sich weiter bis ins Spiel. Ich habe mal eine rein vegane Ernährung ausprobiert und dabei gemerkt, das ist mir zu einseitig. Muss es wirklich komplett vegan sein? Ich habe im Alltag immer schon viele vegane Sachen gegessen, einfach ohne darüber nachzudenken. Ausgewogen und mit wenig Fleisch geht doch auch. Das Angebot muss gut sein, und dann muss man das Beste für sich selbst herausholen.

NORBERT: Es muss ja nicht extrem sein. Lecker und gesund schließen sich auch nicht aus. Aber es ist schon wichtig, sich bewusst und diszipliniert zu ernähren – wobei die Seele auch nicht unterernährt werden und zu kurz kommen darf. Also keine Angst vor dem Stückchen Schokolade oder dem Belohnungseis!

ARNE: Ich habe eine Ernährungsform ausprobiert bzw. eine Kur, in der man 4 Wochen auf einige Lebensmittel verzichten muss. Das machte mir überhaupt keinen Spaß. Ansonsten ernähre ich mich so, wie es für mich am besten zu funktionieren scheint.

OTTO: Ich denke, es kommt immer auf die attraktive Gestaltung und Variabilität beim Essen an.

MARCO: Mittlerweile sind die Ernährungsformen so vielfältig aufgestellt, dass man selbst als Veganer optisch und geschmacklich kaum noch auf etwas verzichten muss. Man kann also in jeder Ernährungsform ausgewogen und vielfältig essen.

CHRISTIAN: Ich denke, auf jeden Fall. Nachdem ich den Film „The Game Changers" gesehen habe, in dem es um Fleischkonsum geht, habe ich zwei Monate lang fleischlos und viele Fleischersatzprodukte, z.B. Burgerpattys gegessen. Das fand ich persönlich sehr anstrengend. Zu sagen, ich esse Fleisch, natürlich in Maßen, nicht jeden Tag, und ich achte darauf, dass es gutes Fleisch ist, finde ich persönlich entspannter, als wenn man bei jedem Essen darauf achten muss, ob Fleisch drin ist. Vor allem wenn man ins Restaurant geht, empfinde ich es immer als schwierig, weil das Angebot unter Umständen stark eingeschränkt und in den meisten Gerichten Fleisch enthalten ist.

Gehört zum guten Fußballspieler ein gutes Bier?

NORBERT: Du machst als Sportler definitiv keinen Fehler, wenn du keinen Alkohol trinkst. Das gilt für Jugendliche umso mehr. Aber mal ein Bier zum richtigen Zeitpunkt – ich glaube, auch das ist okay.

HANS: Toni Schumacher sagte mir einmal augenzwinkernd nach einem gewonnenen Spiel bei Fortuna Köln, als ich auf den Gewinn nicht anstoßen wollte: „Wenn Du kein Bier trinkst, wirst Du kein Großer" – da ging es um Zusammenhalt und Kameradschaft. Einige freuen sich auf das Bierchen wegen der Dopingkontrolle: Bier treibt, und dann geht es schneller.

ARNE: Ich denke, auf alle Fälle. Man sollte dafür immer mal die Zeit finden.

OTTO: Nein, es gehört nicht dazu. Aber ab und zu schadet es sicher nicht.

MARCO: Das kann man sich ruhig gönnen, gerade wenn man einen freien Tag hat. Es schadet nicht, mal einen Abend die Seele baumeln zu lassen, solange das nur einmal in der Woche vorkommt und man die anderen sechs Tage gewissenhaft und diszipliniert bleibt.

CHRISTIAN: Ich denke schon. Allerdings trinke ich selbst kein Bier, noch nie, genauso wenig wie Kaffee. Es gibt aber auch z.B. alkoholfreies Weizenbier, das ja auch oft isotonisch und damit halbwegs gut ist. Vielleicht ist das nach dem Spiel das Richtige, um mal zu sündigen.

LITERATURVERZEICHNIS:

Zu S. 36: **„Müsli selber mischen oder kaufen?"**

Sportgerecht einkaufen. Einkaufstipps für Leistungssportler: https://cdn.dosb.de/user_upload/Leistungssport/Dokumente/Einkaufsfuehrer-fuer-Sportler.pdf
Osterkamp-Baerens, C., Neuendorf, E., Carlsohn A. u.a. (Hrsg.: AG Ernährungsberatung an den Olympiastützpunkten) (2011); letzter Zugriff: 01.02.2021

Zu S. 14 und 18: **„Ohne Energie keine Leistung"** und **„Wie viele Mahlzeiten soll ich essen?"**

Sport nutrition.
Jeukendrup, A., and Gleeson, M. (2018), 3. Auflage, Champaign, IL, USA

UEFA expert group statement on nutrition in elite football, Current evidence to inform practical recommendations and guide future research. In: British journal of sports medicine.
Collins, J., Maughan, R.J., Gleeson, M. u.a. (2020)

Nutrition and supplementation in soccer. In: Sports.
Oliveira, C.C., Ferreira, D., Caetano, C., (2017)

Zu S. 50, 52, 80 und 82: **„Mittagessen…", „Mittagessen – deine Entscheidung!", „Abendessen, dein bester Nährstofflieferant"** und **„Es ist nicht Wurst, was du aufs Brot legst!"**

Konsensus-Papier der AG Ernährungsberatung an den Olympiastützpunkten: Leistungskatalog und Qualitätskriterien für das Verpflegungsangebot in Einrichtungen des deutschen Spitzensports: https://cdn.dosb.de/user_upload/Leistungssport/Dokumente/Broschuere_DINA4_Leistungskatalog_Verpflegungsangebot_20181219_Ansicht.pdf
Osterkamp-Baerens, C., Brüning, K. und Blaik, A. (2018); letzter Zugriff: 16.02.2021

Zu S. 106: **„Was essen vor dem Training?"**

FC Barcelona Sports Nutrition Guide, the evidence base for FC Barcelona, Sports Nutrition Recommendations. https://static.capabiliaserver.com/frontend/clients/barca/wp/wp-content/uploads/2019/04/1e919411-7-nutrition-for-football-injuries.pdf
Drobnic, F., Lizarraga M.A., Medina, D. (2014-2016); letzter Zugriff: 01.02.2021

The myths surrounding pre-exercise carbohydrate feeding. In: Annals of Nutrition and Metabolism.
Jeukendrup, A.E. and Killer, S.C. (2010)

Sport nutrition.
Jeukendrup, A., and Gleeson, M. (2018), 3. Auflage, Champaign, IL, USA

Zu S. 174: **„Mehr Schweiß = mehr Wasser – klar, oder?"**

D-A-C-H-Referenzwerte für die Nährstoffzufuhr.
Deutsche Gesellschaft für Ernährung, Österreichische Gesellschaft für Ernährung und Schweizerische Gesellschaft für Ernährung (Hrsg.) (2019), 2. Auflage, 5. aktualisierte Ausgabe, Bonn

Water balance and salt losses in competitive football. In: International journal of sport nutrition and exercise metabolism.
Maughan, R.J., Watson, P., Evans, G.H. u.a. (2007)

Fluid and electrolyte needs for training, competition, and recovery. In: Journal of sports sciences.
Shirreffs, S. M. and Sawka, M. N. (2011)

Zu S. 126 und 128: **„Warum Carboloading vor dem Spiel sinnvoll ist"** und **„So funktioniert dein Carboloading!"**

Metabolic fundamentals in exercise. In: Medicine and science in sports.
Saltin, B. (1973)

Carbohydrate intake and multiple sprint sports: with special reference to football (soccer). In: International Journal of Sports Medicine Balsom.
P.D., Wood, K., Olsson, P. u.a. (1999)

Muscle and blood metabolites during a soccer game: implications for sprint performance. In: Medicine and science in sports and exercise.
Krustrup, P., Mohr, M., Steensberg, A. u.a., (2006)

FC Barcelona Sports Nutrition Guide, the evidence base for FC Barcelona, Sports Nutrition Recommendations. https://static.capabiliaserver.com/frontend/clients/barca/wp/wp-content/uploads/2019/04/1e919411-7-nutrition-for-football-injuries.pdf
Drobnic, F., Lizarraga M.A., Medina, D. (2014–2016); letzter Zugriff: 01.02.2021

UEFA expert group statement on nutrition in elite football. Current evidence to inform practical recommendations and guide future research. In: British journal of sports medicine.
Collins, J., Maughan, R.J., Gleeson, M. u.a. (2020)

Sport nutrition.
Jeukendrup, A., and Gleeson, M. (2018), 3. Auflage, Champaign, IL, USA

Zu S. 130 und 132: **„Essen bei Anpfiff um 9 Uhr"** und **„Essen bei Anpfiff um 13 oder 15 Uhr"**

The effects of an increased calorie breakfast consumed prior to simulated match-play in Academy soccer players. In: European journal of sport science.
Briggs, M.A., Harper, L.D., McNamee, G., u.a. (2017)

Nutrition and supplementation in soccer. In: Sports.
Oliveira, C.C., Ferreira, D., Caetano, C., (2017)

Zu S. 154: **„Spielpausen clever nutzen für die Kohlenhydratzufuhr"**

Carbohydrate ingestion during team games exercise. In: Sports Medicine.
Phillips, S.M., Sproule, J. and Turner, A.P. (2011)

Carbohydrate ingestion improves performance of a new reliable test of soccer performance. In: International journal of sport nutrition and exercise metabolism.
Currell, K., Conway and S., Jeukendrup, A.E. (2009)

Carbohydrate ingestion and soccer skill performance during prolonged intermittent exercise. In: Journal of sports sciences.
Ali, A. and Williams, C. (2009)

Acute effects of dietary constituents on motor skill and cognitive performance in athletes. In: Nutrition reviews.
Baker, L.B., Nuccio, R.P. and Jeukendrup, A.E. (2014)

The influence of a 12% carbohydrate-electrolyte beverage on self-paced soccer-specific exercise performance. In: Journal of science and medicine in sport.
Harper, L.D., Stevenson, E.J. and Rollo, I. (2017)

Carbohydrate gel ingestion significantly improves the intermittent endurance capacity, but not sprint performance, of adolescent team games players during a simulated team games protocol. In: European journal of applied physiology.
Phillips, S.M., Turner, A.P., Sanderson, M. F. u.a. (2012)

Influence of carbohydrate supplementation on skill performance during a soccer match simulation. In: Journal of Science and Medicine in Sport.
Russell, M., Benton, D., and Kingsley, M. (2012)

Zu S. 170: **„Was ist eigentlich Regenerieren?"**

Update Sporternährung – Obst und Gemüse – eine unterschätzte Lebensmittelgruppe? OSP-Report. https://www.ospbayern.de/fuer-sportler/ernaehrungsberatung/
Osterkamp-Baerens, C. (04/2016); letzter Zugriff: 01.02.2021

Nutrition and acute recovery. https://www.mysportscience.com/post/2015/06/30/nutrition-and-acute-recovery
Jeukendrup, A.; letzter Zugriff: 16.02.2021

Zu S. 172: **„Wie viel Eiweiß brauche ich als Fußballspieler?"**

Nutrition and supplementation in soccer. In: Sports.
Oliveira, C.C., Ferreira, D., Caetano, C., (2017)

UEFA expert group statement on nutrition in elite football. Current evidence to inform practical recommendations and guide future research. In: British journal of sports medicine.
Collins, J., Maughan, R.J., Gleeson, M. u.a. (2020)